未来を開く不思議な天尊

荼《だ》吉《き》尼《に》天《てん》の秘密

羽田守快

大法輪閣

未来を開く不思議な天尊

荼吉尼天の秘密

目次

装丁／山本太郎

掲載図版

カバー　『茶吉尼天曼荼羅図（部分）』（大阪市立美術館「田万コレクション」所蔵）

本　文

筆者提供写真

第一章 茶吉尼天とは

荼吉尼天とは?

荼吉尼天《だきにてん》の本を手に取っていただきありがとうございます。

でも……ダキニテンって一体何なのだろう?

そう思ってこの本を手にした方もいるはずです。新宗教の新手の神様かしら。いえいえ、とても古い神様です。千古の昔、平安時代からいらっしゃいます。

「ダキニテン」という聞きなれない不思議な言葉の響き……。

実は荼吉尼天様は信仰を集める日本の神々でもトップクラスの霊験《れいげん》の強い神様なのです。関西の人で霊場参りが好きな方なら聖天《しょうでん》様を知っている方は多いでしょう。きわめて鋭いご利益で知られる神様です。ほかの神様・仏様でダメなら聖天様にお参りせよということすら言われます。この聖天様に肩を並べるくらいご利益が鋭いのが荼吉尼天様です。

でも誰も聞いたことがほとんどない?

それもそのはず、多くの場合、いままで誰も荼吉尼天を荼吉尼天と言ってはほとんど信仰してこなかったからなのです。その理由のひとつは荼吉尼天が日本の信仰史の中で実は恐ろしい「悪魔」として扱われてきた歴史があるからかもしれません。でもその一方で実は一番身近な神様としても信仰されてきたのが茶吉尼天様です。こうした矛盾の秘密は実は茶吉尼天様の霊験にこそあると私は思います。茶吉尼天様にはざっと十九種類もの不思議な霊験があるとさえ言われてきました。

オーソドックスな茶吉尼天像

怖いけどとても頼もしい神様。

その思いが茶吉尼天様の名前を歴史の裏に押し込めながらも長く根強く信仰させてきたのでしょう。実は茶吉尼天様とは日本の歴史の中で長らくお稲荷様《いなりさま》と言われてきた方なのです。

お稲荷様の話

我が国では実にたくさんの種類の神仏が信仰されています。耳に入りやすいところだけでもお伊勢《いせ》様、八幡《はちまん》様、阿弥陀様、お釈迦様、観音様、お地蔵様、天神様、大黒様、恵比寿様、お不動様、お稲荷様、荒神《こうじん》様、水神《すいじん》様、庚申《こうしん》様、まだまだいます。本当にたくさんの神様、仏様がいますね。でも「荼吉尼天」という神様はほとんど聞いたことはないという人が多いかもしれません。

言葉の響きからして不思議な「ダキニテン」。

「ダキニテン」と言うと「一体何だろう？　それって……」と思うかもしれません。耳慣れないとても不思議な響きですね。でも、お稲荷様と言えばだれでも知っていますね。

ああ、あの赤い鳥居の？　両側に狐のいる？　よく道辻とか商店街にある小さなお社の？

そうなのです。端的に言ってしまうとダキニテンとは仏教でいうお稲荷様なのです。「荼吉尼天」とか「吒枳尼天」とか色々に表記しますが、この漢字そのものに意味はありません。言ってみれば「インド生まれのお稲荷様」、それが荼吉尼天です。

ええ？　でも、インドにお稲荷様なんてあるのだろうか……。ますます変な感じでしょうか？

そうですよね。お稲荷さんのお社《やしろ》がインドにあるなんて聞いたことないですよね。

では、お稲荷様と言えばどんなイメージの神様でしょう。よくは知らないけど……赤い鳥居があって……赤い

一般的なお稲荷様のイメージ

旗がある。そう何より狐《きつね》さんがいますね。

お稲荷様は神社でしょう？　お寺ではないのでは？　それなのに仏教のお稲荷さんとか、インド生まれのお稲荷さんとか言われても……ますます？

ちょっと日本の宗教に詳しい人なら逆にそんな疑問も出てきそうです。確かに今日、全国に点在している○○稲荷と言われるもののほとんどが神社です。おそらく日本で一番多い神社はお稲荷様でしょう。「ああ、そういえばうちの近所にも○○稲荷神社というのがあるな」という方も読者の中にいらっしゃるでしょう。そんな日本一ポピュラーな神様。それがお稲荷様です。

ではお稲荷様とは具体的にどんな神様ですか？

実はお稲荷様という名前は知っていても、この質問に答えられる人はそんなに多くないと思うのです。そして、実際、その答えはそんなに簡単ではないのです。お稲荷様を紐解けば日本の宗教の複雑な構造が見えてくると言っても過言ではありません。稲荷神社の高札に書いてある説明を見ますと、大概、御祭神はウカノミタマノミコトとかウケモチノカミ（ウケモチノミコト）とか書いてあります。トヨウケノカミ（トヨウケノミコトあるいはトヨウケヒメノミコト）と書いてあるかもしれません。このほかにも少数ながらサルタヒコとか亡くなった方を稲荷として祀る例もあります。つまり特定の神様ではないのです。全国の神社を管轄する「神社本庁」でも「お稲荷様は〇〇のミコト」と規定しているわけではないようです。

でも、共通するのはこの「ウケ」あるいは「ウカ」という言葉ですね。ウケ、ウカは実は「食べ物」のこと。なかんずく我々日本人の主食のお米に代表される穀物のことです。つまり穀物の神がもともとのお稲荷様なのです。

社殿の両脇には狐さんがいますね。実は御祭神のいかなるかを問わずに、この狐が介在する神を全てお稲荷様と言ってもいいのです。荼吉尼天もまさしく狐つながりでお稲荷様と呼ばれるようになった仏教由来の神様「天部《てんぶ》」と言われる存在です。中にはあのお稲荷様においてある狐のことを「お稲荷さん」という神様だと思っている人もいます。でも、それは違います。あれは「つかわしめ」とか「つかいひめ」とか言ってお稲荷様のご眷属《けんぞく》、つまりお稲荷様のご家来なのです。

では、なぜお稲荷様の家来は「狐」なのでしょうか?

お稲荷様は穀物の神様、稲作の神様です。穀物の害獣はネズミや雀です。それを退治するのが狐ですね。今でこそ都市部に住む人には珍しいですが、昔はどこにでもいた動物です。そして農耕社会では狐の住む穴など見つけても稲作のガードマンとして、見つけ次第これを退治するということはありませんでした。つまりかつて狐は深山幽谷《しんざんゆうこく》などに住む動物ではなく、我々と共存していた存在なのです。もっとも、もともと神出鬼没の狐には神秘的なイメージがありました。狐はよく引き合いに出される狸《たぬき》に比べればはるかに用心深い動物です。そして雑食性の強い狸に比べて肉食傾向が強い動物です。ですから小鳥や小動物などの獲物が多い豊かな自然環境でないと生きていかれません。

対する狸はかなり周囲に人家があっても、隠れ家さえあれば人間とともに生きていけるようです。昔の里山や田園地帯は今よりずっと自然が豊かだったのは言うまでもありません。ですから狐はそのころ我々人間にとってポピュラーな動物だったのです。室町時代以前ではもともと中国からやってきた輸入動物の「猫」より身近な動物でした。

ちなみに猫については、のちに西国霊場の復興者として知られる花山天皇様《かざんてんのう》（九六八〜一〇〇八）の御歌に「しきしまの　大和にはあらぬ　唐猫の　君がためにぞ　もとめ出でたる」というのがあります。義母様《ぎぼ》の昌子内親王《しょうしないしんのう》のご希望で猫を求めたときの御歌だそうです。

当時は珍しい生き物であった猫。

対するに狐はポピュラーだけど不思議な動物。これが日本では多分に神の使いと言われる動物です。蛇などもそうです。実はお稲荷様には蛇も狐以上に切っても切れない動物なのです。その話はまた、追い追いしていきましょう。こうした神秘性の強い動物は神の使いであるとともに、悪く働けば人間に害をする一種の妖獣として怖がられ、敬遠されてきました。狐や狸が人間を化かす話は方々の昔話にありましょう。ですから狐や狸とのお付き合いはある程度の距離を置いてされてきたのです。蛇もそうです。

この古き農耕社会である日本的な動物との距離はある意味、とても自然とのかかわりあいで自然で理想的だということが言えましょう。同じ環境に住む仲間として、我々の先祖とこうした動物とはお互いの存在を認めながら過度のふれあいなく付き合ってきたのです。

狐が両側にいたらそのお社はお稲荷さん。そう思ってまず間違いないと思います。

荼吉尼天と狐

明治維新まではそのお稲荷さんと切っても切れない関係にあったのがこの「荼吉尼天」という仏教の護法神です。荼吉尼天は「荼枳尼」とか「陀吉尼」とか色々に書きます。元々は「ダーキニー」というインドの言葉なのです。ですから同当て字にしてみてもそこから意味はとれません。つまりインド生まれなのです。

そう考えると「なるほど荼吉尼天はインドの神様ですか?」という解釈になりそうですが、厳密には違うのです。確かにダーキニーはインドの出身ですが、「天」つまりデーヴァではないのです。天というのは神様のことです。「荼吉尼天」と言われて、神様の列に入るのは我が国だけのことだと思います。実はインドにおける民間信仰ではダーキニーとは恐ろしげな鬼神の一種なのです。

現地の一説にはお産で死んだ人がなるとも言います。日本でもお産で死んでしまった人が時として「姑獲鳥《こかくちょう》」という妖怪になるという言い伝えがあります。不幸な亡くなり方をした人を妖怪というのは現代感覚から言えば大変失礼な話ですが、つまりはそれだけ並々ならぬ死んでも死に切れない無念の想いを残しているのだと思われたわけでしょう。

しかしそれ以上にインドで普通に知られていることは、ダーキニーがカーリーという恐ろしい女神の侍女たちだということです。カーリー女神はインドでは大変有名な女神です。カーリーはインドでも最も知られている神様の一人シヴァの奥様です。女神といっても半裸形で生首のネックレスをし、生首とカルトリという曲刀を持ち、雄叫びを上げている恐ろしい女神です。口からは舌を吐き、色は青黒く、四本の手を持っています。さらにもっとたくさんのお顔や手を持ったすさまじい姿もあります。彼女は最強の女神で難敵の阿修羅《あしゅら》を殺しました。

阿修羅というのは戦いを好む鬼神で常に神々と対峙して争う存在であるといいます。事実上インド神話では悪魔のような役どころです。カーリー女神が手にしている首は実はその阿修羅の首

こちらを見つめるジャッカル

なのです。その殺戮の勢いが止まらず正気を失って暴れまわったので夫のシヴァ神がわざと足下に横たわり、我が身を踏ませてやっと彼女を正気に戻したといいます。

このもっとも恐ろしい女神の眷属《けんぞく》がダーキニーです。彼女たちは墓場をうろつく魔女達であり、いつの間にか、同じように墓場にたむろするジャッカルの化身といわれたのです。

ジャッカルはインドのイヌ科の動物で狐より少し小さいようですがよく似た生き物です。狐は群れることはしませんがジャッカルは群れることも多いようです。ジャッカルというのはもともとアラビアの言葉「シャカール」の英語表記です。インドでは「シュリガール」と言いました。小動物をとることは狐と同じですが、インドでは墓場で死肉をあさる動物でもありました。

ここでいう墓場とは日本のお寺に付随する整然と墓碑が並ぶようなきれいなイメージのものではなく、言ってみれば死体の放置場のようなものです。死体をジャッカルや野犬、ハゲタカやカラスに掃除してもらうための場所です。したがって髑髏《どくろ》や人骨が散乱するすさまじい場所です。ダーキニーのイメージは元々そういうところをうろつく妖怪のようなものだったのです。

こうしたインドの民俗宗教であるヒンドゥー教と極めて近い位置にある仏教が密教《みっきょう》と言われる教えです。密教は七世紀にヒンドゥー教の母体であったバラモン教という聖典ヴェーダを典拠とする教えを仏教ナイズしたものと言われています。ですから形態としてはバラモン教と極めて近い形で仏教を推し進めてきたのが密教なのです。

密教の古き神々はもともとが、こうしたバラモン教由来の神であり、仏教の中では「天部」と呼ばれるグループをなしています。七福神で有名な大黒天、毘沙門天、弁才天などもそれで「○○天」というのはそうしたインド由来の神様と思ってほぼ間違いはないのです。この天というのはもちろん、空の意味ではなく、「デーヴァ」という神々をさす言葉の訳として中国であてられたものです。

デーヴァには色々な存在がありますが、ダーキニーはインドでは一般的なイメージではデーヴァつまり神様ではありません。タントリズムという特殊な信仰を除くと一般的な認識では実は禍々《まがまが》しい鬼神でしかないのです。ざっくり言えば、そのダーキニーは日本に来て初めて「茶吉尼天」という神になるのです。ですから茶吉尼天信仰というのは我が国独自の信仰なのです。日本の稲荷神と習合した特殊な信仰であって、同じ形態はインドにも中国にもないものです。

しかしながら、そこにはジャッカルと同一視されてきた狐の存在が欠かせませんでした。つまり神格化された動物である狐とジャッカルが同一の存在とされたのです。日本にはジャッカルはおりません。ですが狐の一種とされたのは確かです。

唐《とう》代の自然誌の書『本草拾遺《ほんぞうしゅうい》』には「仏経に野干あり。これは悪獣にして、青黄色で狗《いぬ》に似て、人を食らい、よく木に登る」とあります。実際はジャッカルは狐に似てやや小ぶりで木にも上らず、他人を襲うようなものではありません。宋《そう》代の仏教用語辞典である『翻訳名義集《ほんやくみょうぎしゅう》』では、「狐に似て、より形は小さく、群行、夜鳴すること狼の如し」とされ、また明《みん》末の張自烈《ちょうじれつ》によって編纂された漢字辞典である『正字通《せいじつう》』には「豻、胡犬なり。狐に似て黒く、よく虎豹を食らい、猟人これを恐れる」という記述があります。これらの書にある人を食うとか虎や豹を食べると言う記述はもちろん全くの間違いです。多分これらの書を著した人物も実際のジャッカルは知らなかったのでしょう。木にも上りません。

我が国では『和漢三才図絵《わかんさんさいずえ》』という江戸時代にできた一種の百科事典にその説明に「仔狐」と書いてあります。この書は明代の学者で王圻《おうき》という人の『三才図絵』をもとに、日本の寺島良安《てらしまりょうあん》という医者が加筆編纂したものです。

ジャッカルはインドのシュリガールという言葉から漢字表記では古くは「悉伽羅《しっがら》」とか「射干」などと表記されたようですが、いつの間にか「射干」の上の字が「野」の字に書き間違えられてしまい、「野干」と書くのが通用となり、野干と言えば狐の別名と思われるようになりました。

我が国で狐といえば稲荷明神《みょうじん》に仕える神獣です。つまり、茶吉尼天は狐を介して稲荷明神と同一視されるようになったわけです。

茶吉尼天はとても頼もしいけど恐ろしい神様として考えられてきました。ですからこれを茶吉尼天と言わず、あえて稲荷神として信仰したのでしょう。

茶吉尼天は狐に乗っていますが茶吉尼天供の口訣《くけつ》には、実は乗っている天尊も乗せている狐も表裏一体だとあります。そういうわけで茶吉尼天はお稲荷のご本体として日本中を席捲《せっけん》していた時代が明治まで長く続きました。

神仏分離と茶吉尼天

しかし今の稲荷神社には茶吉尼天を祀っていると書いてあるところはどこもないはずです。ですから現在の稲荷神社に行って茶吉尼天信仰をすることはできません。茶吉尼天はある理由でお宮から一掃されてしまいました。

明治になって日本が急速に西洋化を考えるようになると、「日本のように神々が乱立しているのはよろしくない」「ましてや動物神を祀るなどもってのほかの野蛮な考えである」「外国人から野蛮に見える」というまことに浅薄な考えで「神仏分離令《しんぶつぶんりれい》」というものが出され、多くの稲荷神社から荼吉尼天像は撤去されました。

私はこれは我々日本人の悪いところと思います。機を見るに敏《びん》ですが新しい物好きで良いとなれば、もう古いものを全く顧みません。思い込みの激しいところがあるのかもしれません。

それまではほとんどの大きな稲荷神社は荼吉尼天信仰があったものです。最近では少しずつ旧に復するようですが、それでもあるお坊さんが稲荷神社でお経をあげていたら、神社の人でもないらしいのですが、わけの分からない女性にひどく怒られたという話を聞きました。「神前でお経を読むなんて怪《け》しからん」ということでしょうが、「神前読経」といって昔はそれは普通でした し、修験道《しゅげんどう》では今でもお宮参りでお経をあげます。

この神仏分離の思想を大きく推進させたのは江戸末期に生まれた「復古神道《ふっこしんとう》」です。これは今に世に言う「古神道」はこの流れですが、もともとは「復古神道」というのが正確な言い方なのだと思うのです。少なくともそこから出てきた流れであると思います。日本古来の神道は仏教や儒教などの外来思想とは全く違うのだという思想です。もちろん、かたやインド、かたや日本の宗教ですから違うのは当然です。

日本には神道で根本的聖典のように扱う『古事記《こじき》』や、『日本書紀《にほんしょき》』という史書以前に仏教が定着していましたから、「神道という宗教」の成立による仏教への影響は極めて大きなものがあったのです。

それ以前は最近、世界遺産になった福岡県沖ノ島の祭祀遺構にみるような複雑な教義よりも、むしろ祭祀を中心とした一連の信仰形態がそもそもの神道のルーツだったと思います。宗像大社の展示物で見ましたが実に素朴なものです。つまり仏教伝来以前の古代の神祇祭祀《じんぎさいし》は今の世の中に行われている「古神道」のスタイルなどとは違いますし、その実態は明確な教義はまだ何もない存在でした。

断っておきますが私は歴史の経緯を申しているので、必ずしも「古神道」という宗教の存在を否定しているわけではありません。ここは実に大事な点です。「古神道」は江戸末期の復古神道の流れをくむ、最後に登場した新たな神道の流れとして大変興味深いと思います。

私は歴史的事実と宗教的な観念とは一致する必要はないと考えるので、建前的に「これが太古の神道だ」という信仰はあっても、信仰の上では全く問題はないと思うのです。歴史科学と宗教の世界は別です。

例えば、私が教えていただいた古神道の作法では折紙を折って「折り方」という呪符を作りますが、そもそも太古の時代には紙はないと思います。我が国において紙がつくられるようになったのは仏教をはじめ大陸の文化や技術の交流が盛んになった5、6世紀頃からだろうと考えられています。でも宗教と歴史学はべつものですので、「厳密に言えばどうこう」というのは次元の異なる話だと思うのです。

古神道ばかりではありません。我が修験道でも「神変大菩薩《じんべんだいぼさつ》」として崇《あが》める始祖の役行者《えんのぎょうじゃ》は「実はそういう人物はいなかったのでは」と言われています。それどころか日本仏教の始祖とも言われてきた聖徳太子もいなかったという学術的な説さえあるのです。

しかし、歴史学的に役行者や聖徳太子がいてもいなくても宗教という領域ではそれは大した問題ではないのです。歴史科学と宗教は別な存在です。混同した考えでものを見れば、例えば「高《たか》千穂《ちほ》の峰《みね》の天孫降臨は本当にあったのか?」とか、「神話に出てくる天《あめ（あま）》の岩戸《いわと》はどこなのか?」などという議論をするようなものでほとんど意味はないと思います。

神道というものの古い形については、中国大陸にあった国、魏の国で記した『魏志倭人伝《ぎしわじんでん》』には我が国の女王卑弥呼《ひみこ》をして「鬼道によく仕え」とあります。この「鬼道」と言われるものこそが、神道の淵源的な姿だったのでしょう。「鬼道」の実態はよく分かっていませんが、「シャーマニズム」つまり神から啓示をうけるということがその教えの中心だったようです。

ちなみに最近の研究では卑弥呼の治める邪馬台国《やまたいこく》は『三国志』の群雄・白馬将軍の異名をとる公孫瓚《こうそんさん》などと親密に交流があったようです。私は歴史家ではないし、古代史に詳しいわけではないのですが、聞いた話では邪馬台国《やまたいこく》は「ヤマト国」であり、卑弥呼は「日御子」で天皇家の原型ではないかという説もあるようです。確かに自分の国に「邪」という文字や、崇拝している女王に「卑」などという字はつけませんよね。まあ、これらは当時の中国大陸から見た異国の王に対する蔑称でしょう。

私は神道の形式は朝鮮半島に残る銅鐸《どうたく》や瓶の周りに廻らせる荒縄につける四垂《よたれ》のような布などにもその淵源が見て取れるのではないかと思います。隋《ずい》以前には我が国は朝鮮半島の百済《くだら》などと深い交流がありましたから、そういうものがもたらされても全く不思議ではありません。つまり神祇祭祀自体は日本にあったのですが、その形態が定まらなかったのでしょう。やがて日本と大陸の隋《ずい》の交流が始まっても、我が国は大陸の技術や文物などは輸入しましたが、道士のような宗教的職能者や神々などは導入しなかったといいます。拝む人も対象である神々もすでに我が国にはあったからです。

ただ不十分だったと思われたのは祭儀の方法だったのでしょう。つまり信仰としては我が国には我が国の信仰が古来あったのでしょうが、「宗教としての神道」はそうやって始まったのだと思います。陰陽道などはより道教的な部分から生まれた思想と言えます。江戸時代になってからは暦の研究などが天文科学に近づき陰陽道は往時の力を失い、時代が下るにつれて世間にも陰陽師《おんみょうじ》と称する人は数多く現れました。役人である「宮廷陰陽師」に対するいわゆる「民間陰陽師」です。もちろん、古代にも朝廷のほかに民間の陰陽師と言うべき人々はいました。大宝律令《たいほうりつりょう》などにはそうした民間の呪術師の存在を取り締まる旨がしたためられています。

修験道の開祖・役行者などはそうした危険な民間の呪術者として朝廷ではマークしていた存在と言われています。しかし平安末期に源平合戦《げんぺいがっせん》などの戦乱の時代を迎えると、宮中の陰陽道には陰《かげ》りが出てきます。陰陽道だけでなく朝廷全体が力を失った結果でしょう。応仁の乱から始まり織田信長の天下統一に至る戦国時代には全く荒廃し、その後、やや安定した時代に徳川家康が「土御門家《つちみかどけ》」などの全国の陰陽師を統《す》べる家の復興に尽力したと聞きます。

やがて江戸時代になると暦の本を自由に作る人達も現れました。大阪などでは山伏《やまぶし》が暦本を売っているのは職権侵害だとして陰陽師が奉行所に訴えるという事件も起きたようです。この時、大阪の奉行所では裁定するというより和解の方向でとりなしています。奉行所のこの判断は無理からぬことで、すでに宮廷陰陽道の枠組みは大きく崩れ、多くの陰陽道の技術が民間に流出しているのが現状でした。江戸末期には「土御門家門人」と名乗る人も出てきて、盛んに陰陽道にかかわる出版も行われました。

現代においても本人たちは自分たちのことを陰陽師と言わないだけで、その流れの人は今でもいたるところに存在しています。ときどき「私だけが正当な本物の陰陽師でほかはインチキだ」などという人がいるように聞きますと、逆に驚きます。宮廷陰陽師というのは今はもちろんおりません。広い意味での陰陽道は修験道や仏教、神道、果ては占いにもいたるところに伝播《でんぱ》し混交しており、現代では「これこそが唯一本物の陰陽道の技だ」などという特定はほとんど不可能なように思います。そういう「これこそホンモノ論」には私は何の興味もありません。

古代の神道のスタイルは輸入された初期の道教であり、それも仏教から多くの要素を導入していきましたし、さらに時代が下るにつれて儒教からも、キリスト教からもより多くの要素を取り入れて、さらなる大きな変身をし、多くの流れが生まれ出ていったのです。実際、明治時代以前には多くの神社には必ずと言っていいほど、その神のもとの姿であるという仏、つまり「本地《ほんじ》仏《ぶつ》」を祀る本地堂や神宮寺が建てられていました。長い歴史の中で神と仏の二つは並んで進んできたのです。いわゆる神仏習合《しんぶつしゅうごう》思想です。江戸時代まで自らが神道の宗家といい「神祇伯《じんぎはく》」と呼ばれる呼称を自ら名乗っていたのは白河家でした。その神道を「伯家神道《はっけしんとう》」といいます。

しかし、宮中祭祀を中心とする伯家神道に対し、実際は全国の神社で実践的に行われていたのは吉田家の「唯一神道」であり、吉田家こそがその中心であったと聞きます。吉田家の神道「唯一神道」の代表的な神事には「十八神道」、「神道護摩《ごま》」などが知られ、これらは密教の十八道作法や護摩から編み出されたのは明白です。そういう神仏習合的な神道こそが日本の神道の中枢にありました。

しかし歴史的に見ますと、日本においては政治が大きく変わるときには概《おおむ》ね宗教にも大きな変化があるものです。例えば、聖徳太子が物部守屋《もののべのもりや》を討って以降、日本で仏教は大きく広がる機会を得、平安遷都のタイミングでは桓武《かんむ》天皇は、奈良の南都仏教に代わって最澄《さいちょう》上人（七六七〜八二二）の天台宗を重く用いられました。その皇子であった嵯峨《さが》天皇は空海《くうかい》上人（七七四〜八三五）の真言《しんごん》密教を極めて大切にされました。また、鎌倉幕府は念仏をその信仰の柱とし、室町幕府は禅宗に深く傾倒し独自の文化を生みました。

これらは新しく時代に対応して旧《ふる》い宗教勢力と決別し、新しい思想を為政者《いせいしゃ》が模索した結果でもあります。現に復古神道に着目した明治政府も、そこからさらに新たな「国家神道」という神道を生み出して、いままでの習合的な神道を廃絶させます。明治政府は無理のある国粋主義政策から、史上もっとも日本の国らしくない西洋化した神道を生み出したと言えましょう。「国家神道」は実際は宗教というより、宗教の皮を着ただけの国策思想と言った方がいいでしょう。

そういうわけで神道とはどこからが果たして「神道」なのかは判別の難しい問題ですし、ましてや唯一不二のこれこそが「本物の神道」だなどという提唱は、実際は新宗教でも立ち上げない限りは無理なのが本当だと思います。まあ、しいて言うなら明治時代にできた今の神社庁のしている神道がほかの宗教の色彩を取り去った形という意味でいえばそうなのでしょう。でも私的にはそういう大上段に構えた「本物の神道」などというものには意味を感じません。神道の原形を求めるなら、福岡県沖ノ島などの旧構に残る、素朴に火を焚《た》いて河原家に木の実や穀物などいれてささげたのが一番古いスタイルの神祇祭祀でしょう。

同様に神道ばかりか、これこそが「本当の唯一の仏教」だなどというものにも何の関心もありません。なぜなら歴史的に見て日本の宗教の主流はそういう純化されたものと凡《およ》そ正反対のシンクレティズム（混交宗教）的存在だと思うからです。そういうシンクレティズムこそが「リアルな神道」であり、それでこそ神道にはとても大きな魅力があるのだと思っています。

そうした日本の宗教観念を表現した室町時代の名僧である一休《いっきゅう》禅師（一三九四〜一四八一）作と伝えられる道歌があります。

一休禅師

分け登る麓の道は多けれど
同じ高嶺の月を見るかな

拝んでいいもの、いけないもの

大分昔、私の青年時代ですが相談に来た人に色々話しているうちに「お稲荷さんを信仰されるといいでしょう」と言ったところ大変に憤慨した人がいました。「お稲荷さんなんて狐じゃないですか？　人間の私がどうして狐なんか拝む理由があるのですか！」と言うのです。お稲荷様は神道の考えでは狐などではありません。ウカノミタマノミコトやウケモチノカミ、トヨウケノオオカミと言った歴《れっき》とした神々です。

一方、仏教の荼吉尼天は確かに一面、狐精と言われていますが、さりとて天部の神であり、これまた我々の知る動物の狐ではありません。つまり動物の狐を崇めるために荼吉尼天という神を作り出して、祀ったわけではなく、荼吉尼天という神に付された性格としてそういうのです。

この人の考えは自分より上の位にあるものこそ拝《おが》むべきなので狐なんか動物だから拝みたくな

いということなのでしょう。つまり「万物の霊長の人間様が狐なんか拝めるか！」というのでしょう。でも、この人の「拝む」という考えは私などとは形は同じでも大分違います。ひれ伏す、つまり拝む相手より「自分の価値」を下に置くのがおそらくこの人の言う「拝む」ということなのでしょう。だからこそ動物など拝めるかというのでしょう。

西洋には「王権神授説《おうけんしんじゅせつ》」というものがありました。王権は神から与えられたもので何人《なんぴと》も侵すことができないというものです。だから王様の前ではひれ伏さないといけません。つまり王様の偉さは神様の偉さそのものなのだということです。キリスト教などの一神教では神の前には我々はいと小さきものとされます。同じように王の前には庶民は各段に違う存在なのです。単に無力なだけでなく、価値の低い存在と言っても良いでしょう。

こうした神と人間の関係においてはキリスト教だけではなく、ユダヤ教やイスラム教のような一神教においては基本的に同じような考えが窺えます。別にキリスト教やイスラム教の教え自体を悪く言うつもりはないですが、極端な例を言えば、人と神は全く違うものという思想が根底にあるからこそ、イスラム教の過激派の人たちは「ジハード」といって爆弾を身に着けて突っ込んでしまうような戦い方をもするのでしょう。言い換えれば偉大な神様のためには自分みたいなちっぽけな人間の命などどうなっても良いという考えが背景にあるのです。それよりむしろ自爆しても神の恩寵《おんちょう》で死後天国に行く方が理想的なのかもしれません。要するにこういう考え方では自分自身は神の前にはほとんど比較にならないほど「いと小さきもの」、つまり無価値な存在なのです。

余談ですが、本来の聖戦「ジハード」の意味するところは己がイスラムの良き信者であるために課す様々な自己の欲望や忍耐との戦いを言うのであって、決して自爆テロのようなことを言うのではありません。誤解なきよう申し添えます。これは社会的に大きな犯罪を行った邪教のせいで、チベット仏教までが何か怪しいものと誤解され、大いに迷惑したのと同じことです。たとえば殺人のように使われた「ポア」という言葉です。「ポア」は分かりやすく言えば死後、仏の浄土に「往生《おうじょう》」するための瞑想法のことです。日本的な言い方をすればイメージによる「観想念《かんそうねん》仏《ぶつ》」ということになります。これはチベット仏教以前に『観無量寿経《かんむりょうじゅきょう》』などに詳しく出てきます。

勿論、キリスト教、ユダヤ教、イスラム教といった、いわゆるセム語族系の宗教でも色々な考え方があると思います。これらの宗教でも神様は我々の中にあると考えるものや、「汎神論《はんしんろん》」といって神はいたるところにましますという思想もあると思います。しかしながら共通する考えは神様は「万物の創造主」であり、「我々の父」であるという認識です。そしてその「父」は我々よりはるかに偉大な存在であるという考えです。だから決して父には逆らってはいけない「父権の絶対性」という考えもそこにはあるでしょう。我々を生んだ創造主は我々よりはるかに価値の高い、偉い存在だということです。

仏教ではここのところはどうでしょう。

仏教では創造主というのは言わない教えですが、あえて万物の創世の源を訪ねれば、それに当たるものを「根本無明《こんぽんむみょう》」と言うのです。「根本無明」とは大きな迷いということです。すなわち仏教でいうところの根本的な煩悩です。セム語族系の宗教とはまるきり違います。全ては根本無明から生まれ、またそこに還《かえ》っていくのです。

真言宗祖の弘法大師空海上人は人間は「生まれ、生まれ、生まれ、生まれて生の始めに暗く、死に、死に、死に、死んで死の終わりに冥《くら》し」と言われました。仏教では私たちは神の創造物なのではなく、何も分からぬままに生まれては消え、消えてはまた生まれてくるのが生命だというのです。命はその繰り返しだというのです。その原動力が「根本無明」と呼ばれるものです。仏は我々の「根本無明」を除かしめんがために我々を導く存在ではありますが、一神教の神様のように我々に何かを要求する存在ではないのです。礼拝をも強要はしません。

仏には色々あるとされます。釈迦牟尼仏《しゃかむにぶつ》、阿弥陀仏《あみだぶつ》、大日如来《だいにちにょらい》等々……でも仏に共通しているのは「創造主」ではなくいずれもより良く生きることを提唱する偉大なる「覚者」たちなのです。

ですから、その如来といわれる存在が説いた数々のお経も詮《せん》ずるところは、我々がより良く生きる道が説かれていると言うほかはないのです。我々のためにこそ仏も存在し、経典もあるのです。決して何か難しい試練を課して仏に対する真心を見せろとか、仏自身のために人間はなすべきことをせよとか言うものではないのです。仏教では、我々が仏そのもののためにしなくてはいけないことは基本的には何一つありません。ましてや『旧約聖書』にある「ノアの洪水」のように、地上の人間たちが良くないから一掃してしまうため、大洪水を起こすなどということは絶対にないのが「仏《ほとけ》」です。

形の上で仏を供養《くよう》するのも実は我々衆生のために功徳《くどく》を積ませるためのいわば方便《ほうべん》です。ですから仏様のために拝むのではありません。自分のために拝ませていただくのです。したがって仏様と我々は身分が上とか下というのとは少々違います。つまり仏教の拝むというのは救済者に対する感謝の祈りで拝むので、単に自分等の及ばぬ偉大な存在なのだからひれ伏して拝まないとならないというようなものではないのです。つまり我々が大事にしなくてはいけないのは我々の徳分の象徴として仏があるからなのです。だからこそ礼拝します。つまり言い方を変えれば我々の良き部分の集まりを仏というのです。ですから我々を離れて外に仏は存在しません。

これが仏教と外の宗教と最も違う点かもしれません。創造主としての神と創造物としての我々人間のような全く別な存在ではないのです。

そして西洋の国々では宗教的権威と政治的権力が一体であるのに対し、日本などではそれとは違う考えをしてきました。例えば戦前の日本で教育されたように、天皇は天照大神《あまてらすおおみかみ》以来の神の子孫で我々庶民も広い意味ではその子供なのだという点は、西洋の「王権神授説」によく似ています。しかし、天皇は奈良時代以前ならいざ知らず、日本の長い歴史の中では決して政治権力の首座《しゅざ》とはいえない歴史が長かったのです。神道が確立して以降、むしろ天皇家は日本民族の宗教である神道の頂点にある宗教的な権威だったのです。いわば天皇の存在は神道の成立と歩みを一つにしてきたのです。

『法華経《ほけきょう》（妙法蓮華経《みょうほうれんげきょう》）』には常不軽菩薩《じょうふきょうぼさつ》という方が出てきます。彼は一切の人々の仏性《ぶっしょう》を拝んで修行しました。「気色の悪い奴だ！」と石などを投げつけられても、遠くに逃れてそこからまた拝んだといいます。

何故、こんなことをするのでしょう？

確かに人間にも善良な人もいれば、そうではない人もおりましょう。だからその行いでいえば善もあり、悪もあり様々です。表面上は感心しない行いの人もたくさんいます。しかし、常不軽菩薩が拝んだのはその人の行為ではなく、宿れる「仏性」なのです。なぜなら、一切の衆生には仏性があり、それを認めれば、それが輝きだす性格を持つからです。仏性が本当に現れれば、皆が仏の働きをするのです。そして自分と他者がともに恩恵を受けられます。

お不動様のお経である『聖無動尊大威怒王秘密陀羅尼経《しょうむどうそんだいいぬおうひみつだらにきょう》』には「摩醯首羅《まけいしゅら》の如き者も第八地を得て慈善根の力あり」とされています。摩醯首羅天というのはヒンドゥー教のシヴァ神のことで、異教である仏教では「魔王」とされていました。しかし、そのシヴァ神も第八地と言われる大菩薩の悟りを開き、人々を利益し救済することもできるというのです。

大乗仏教では仏性は人間にだけあるのではありません。生きとし生けるものすべてにあります。ですから、仏の教えでは動物でも人でも拝んではいけない存在など何もありません。大乗仏教には「山川草木国土悉皆成仏《さんせんそうもくこくどしっかいじょうぶつ》」という言葉があります。生き物ばかりか海にも山にもすべてには仏性がある。仏教では合掌《がっしょう》してあいさつしますが、そこには相手の仏性を拝む意味があるのです。たとえ犬や猫にでも合掌してあいさつして仏教的にはおかしなことではないのです。

『未曽有経《みぞうきょう》』というお経にこんな話があります。神々の王である帝釈天《たいしゃくてん》が狐に対し「狐よ。お前は仏法を知っているという。ならばそれを我に説いて聞かせよ」と命令したところ、狐は帝釈天に向かって「仏法とはそのようにして聞くべきものではない。仏法は礼をもって聞法すべきものである」と諭《さと》したというのです。それで帝釈天は狐より下座に降りて礼拝し再び法を聞くことを請うたといいます。神々の王たる帝釈天ともあろうものがあえて畜類の狐を拝むというこの話は、どんなものにも仏性があるという大乗仏教の教えをそのまま反映しているのです。

この神々の王が狐を拝む故事は中世には茶吉尼天を拝む「即位灌頂《そくいかんじょう》」と呼ばれ、天皇が即位するときに行われる密教の秘事とされました。人として最も高い位にある天皇が、動物の狐を拝むというこの儀式には、我々はみな同じ仏性を宿す平等の存在だという思想が隠されています。だから狐の精である茶吉尼天を拝むことには大乗仏教の深い思想が反映されているのであり、幼稚な迷信などではないのです。

トーテミズムの話

インドネシアにコモド島という島があります。ここにはコモドドラゴンという動物がいます。ドラゴンといっても、勿論、神話にでてくるような怪獣の「ドラゴン」ではなく、大型の爬虫《はちゅう》類《るい》でいわゆるオオトカゲですが、全長は二メートル半を超える巨大生物です。コモド島の人々はこの恐ろし気な動物を自分たちの先祖と崇めて大切にします。最も危険な生き物であることは、島の人々は承知していますので、夜中にオオトカゲが住居に忍び込まないよう高床式の家で暮らしています。生きた人間を殺そうとすることまでしませんが、基本的に死んだ動物など食べるため、口には雑菌が蔓延《まんえん》した鋭い歯が並び、これにかまれれば敗血症《はいけつしょう》にかかります。彼らはそのことを知っていて大型の牛などの家畜にかみつき、病毒で倒れて死ぬのを待つのです。コモドドラゴンが先祖とはいっても、島民も科学的に自分たちがトカゲのDNAを持つ存在とは全く思っていないでしょう。あくまで一種の先祖崇拝の信仰としてその魂を持つと考えるのです。自分たちの先祖はコモドドラゴンだという神話によって島の人々はドラゴンと同じ息吹《いぶき》を自分たちのうちに感じるのです。

なんのために？

それはおそらくコモドドラゴンがコモド島の自然界で最も強く優れた生き物だからでしょう。そこにはコモドドラゴンへの敬意と共感のようなものが生きているのです。そしてその自然のエネルギーを取り込むのです。

特定の自然界の事物と自分たちの氏族を強く結びつけて考える。それは時として動物だけでなく、植物や鉱物も含めて。

コモドドラゴン

こういう考えを民俗学では「トーテミズム」といいます。これはインドネシアなどの地域に限ったものではないのです。我が国の日本神話にも神武《じんむ》天皇を産まれた生母・タマヨリヒメノミコトは産屋《うぶや》では八尋鰐《やひろわに》つまり巨大なワニの姿だったといいます。日本民族の祖である天皇の母上は巨大な鰐だというのです。この八尋鰐については、古来サメなのかワニなのかについて、民俗学者により議論が分かれるところですが、日本人の先祖は北からも南からも来たといいます。今日では必ずしもサメとは断定されていないようです。近代の民俗学の大家・折口信夫《おりぐちしのぶ》（一八八七〜一九五三）などもワニ説です。ワニは動物として日本にいなくても遠い南洋から日本人の先祖の一団が来たと考えれば、そういうトーテミズムがあっても少しも不思議ではありません。

因《ちな》みに有名な海の神様・金毘羅《こんぴら》様もワニの神格化だということになっております。こういう動物を先祖と考えることによって古代の人々はその動物の持つパワーや霊力を獲得できると感じてきたのです。厳密に言えばこういうことは頭の作業のする、いわゆる「思想」ではありません。古代人の「感覚」や「感性」が探り出した世界と言っていいでしょう。

稲荷信仰にもそうした古代人の感性は影を落としています。例えば稲荷を祖神とする秦氏の秦乙足《はたのおとたり》は唐の国から、日本に来る大汝、小汝が大ナマズにのまれていたのを釣り上げて助けたといいます。この大汝、小汝というのが狐なのでしょう。以後、彼らは秦氏の氏神《うじがみ》となります。

氏神はご先祖様ですから、やはりトーテミズムと質の同じものが、そこにはあると考えてもいいでしょう。余談ですが、秦氏は秦のほか、畑、幡多、羽田、羽根田などとも書くようになる氏族の祖ですから、私なども羽田姓なので氏神としてはお稲荷さんの傘下《さんか》にいることになります。

また、陰陽師として有名な安倍晴明《あべのせいめい》の母親は伝説では葛の葉《くずのは》という狐だといいます。狐が人間の晴明を産むわけはないのですが、この話は安倍晴明とは狐の霊力を宿す稀有《けう》な人であることを彼の母を狐とすることで物語っています。

つまりトーテミズムをはじめとするこうした自然界の存在、とりわけ動物を崇敬し、つながろうとする試みは特別で奇妙奇天烈《きてれつ》なことではなく、ましてや未開で恥ずべき愚行でもなく、大昔から我々人類がしてきたことなのです。つまり稲荷信仰に付随する狐に対する信仰も、我々が自然界を代表する動物である狐とつながることにより、我々の忘れてしまったルーツである自然の世界から多くの恩恵を得ようとする試みであるにほかなりません。

魔女の世界

しかしながら、こういう自然界や動物との融和の試みは同時に恐ろしいことだという観念もあるのです。それはある意味、人をして人ならぬ領域に踏み込ませるのですから、そう思うのも一面むりからぬことです。そこでは時として超人的な予知予言の力を示したり、呪術的なパワーが展開します。こういうことを職能としてきた人が「シャーマン」と呼ばれる人々です。

ですからキリスト教がベースになってしまった西洋では、中世こうしたシャーマニズム的な試みは「魔女」や「魔法使い」といった邪悪な人たちのすることとして、恐れられ忌《い》み嫌われてきました。彼らはオオカミや蝙蝠《こうもり》などを操る、あるいはそういうものに変身すると信じられてきたのです。未来を知ろうとする占いや占星術でさえ異端視されました。とりわけ、自然界の動物を操るということは彼らと意思の疎通があり、同質であることを意味するものですが、神が明確に人と動物を分けて創造したとされるキリスト教社会では、それはあってはならないこととされてきたのでしょう。野生や野獣は基本的に人間の敵なのです。深い森は切り開かれるべき暗黒でしかないのです。したがってそのような野生の存在と仲良くすることは、おしなべてその時代の西洋では反キリスト的な人々のすることとされたのです。

余談ですが拙寺には様々な生き物がいます。私は動物が好きですので色々と飼育しているのです。中にはかなり珍しいものもいます。ただ飼っているよりも皆様にも親しんでもらいたいので神奈川県の非営利動物展示施設に登録しております。色々いますが、中にはフクロウもいます。

狐もいます。蝙蝠もいます。トカゲやカエルもいます。猫もたくさんいます。以前クリスチャンの知り合いが訪ねてきて、感心したように「フ〜ム、羽田さんのお寺には中世キリスト教で使い魔として忌み嫌うようなものが一通りいますね。これで妖術でも使うのですか？」と冗談を言って笑っていました。

洋の東西を問わず、魔女にはその眷属としての生き物がつきものです。荼吉尼天のもとの姿であるダーキニーも、言ってみればやはりそういうジャッカルを操る魔女と言っていいでしょう。お稲荷さんをどことなく怖いと思う人がいるのも、稲荷信仰がこうした狐の存在を背景にしていることによるものでしょう。その点は西洋と同じことです。恐ろしいことですが、今でもインドでは墓場をうろついて死人の身に着けた装飾品や衣類を手に入れたり、あるいはその死体を食べるような生活をしている人たちもいるようです。

仏典に仏弟子の阿難《あなん》尊者に恋をしたマータンガ（摩登颉）族の女性の話が出てきます。阿難尊者は大変美男だったようで誘惑も多かったのでしょう。マータンガもお経では一種の魔的な人種とされてきた人々で、仏典では魔女である彼女の母は娘の恋愛のために阿難尊者を引き寄せる魔術をかけるくだりが出てきます。

こうした人を呼び寄せる魔法は今でも実践されるもので、私の知る密教家でありヨーガ行者でもある井口梵森《ぼんしん》師は、インドのヒンドゥー・タントリック行者の下でこうした術のトレーニングをしたといいます（ヒンドゥー・タントリックとはヒンドゥー教の密教ともいうべき存在です）。別にそんな術にとりたてて興味はなかったのですが、あちらのカリキュラム上、どうしてもしておかないといけないということで練習させられました。そうしたところ、夜分いきなり知らない女性が訪ねて来て家に入れろという。奇異に思い追い払い、翌日自分の師匠にその話をしたところ、「これはラブマジックでもあるから、そういうことは起きて当たり前だ」と言われたそうです。マータンガの母親が使ったのもこのような術であったかもしれません。

余談ですが、このマータンガ族の神格化した存在でマータンギ女神というのもインドでは知られています。こうした話をすると「インドの呪術がそれほど効くのはどうして？」と思う人もいるでしょう。実は術そのものより「フィールド」が関係していると思います。つまり「場」の力ですね。インドという精神的な空間においては、それらはよりダイナミックに力強く作用するのだと思います。呪術が作用する背景にはそういう「呪術は利くのだ」という「集合無意識」のうごめく空間が不可欠なのです。それが深く広いほど呪術は広範囲に強く作用します。今でもインドにはそうした精神的地盤が強烈に作用しており、魔女的というか魔的なイメージの部族が大勢いるようです。彼らは現代のインドでも、いまだに一種の魔的存在と恐れられていると聞きました。

彼らの生活や文明社会に生きている我々から見て人間の生活として望ましいこととは到底言えませんが、ひとつにはこういう人たちが今もって生活していかれるのは、一神教などにはないインドの宗教における多様性が機能しているからです。インドの民俗宗教であるヒンドゥー教では三大神という軸になる偉大な神様がいます。トリムルティと呼ばれていますが、宇宙成立の神であるブラフマン、維持の神であるビシュヌ、破壊の神シヴァの三大神です。ブラフマンは仏教で漢訳仏典では「梵天《ぼんてん》」と表記される神様で、釈尊に自らの悟りを秘めることなく説きなさいと勧めた神です。仏教ではこの故事を「梵天勧請《かんじょう》」といいます。

梵王（梵天）

彼ら三大神は各々属性が異なりますが対立する存在ではないのです。ダーキニーはこのうちシヴァに属する存在です。厳密にはシヴァの妃カーリーに仕える一群の魔女たちなのですが、シヴァは「パシュパタ」つまり獣の王の一名を持ち、こうした動物神や魔的存在を統括《とうかつ》する神様なのです。さりとてインドでシヴァが悪魔のように言われているかといえば、そうではなく三大神の中でも極めて人気のある神様なのです。インドの人々は魔や野獣も同じ世界に生きているという意味では仲間と考えているのです。「世の中から根絶やして消えてしまえ」とは思わないのです。

インドの身分制度であるカーストはとても前時代的で良くない習慣というのが欧米や我が国の一般的な反応です。確かに社会的に考えてみればそうではありますが、逆にこうした魔的存在をアウトカーストとして許容してきた社会でもあると言えましょう。あってはならないのではないのです。

よく釈尊の掲げた理想としてカーストの否定を挙げる人がいますが、厳密には釈尊はカースト制度自体を完全には否定していたとも思えません。「真のバラモンとは生まれによるのではなく、行いによるのだ」、これは釈尊がカーストの最上位であるバラモンに対して述べた言葉として有名ですが、やはりバラモンという言葉はそのまま使っているのです。バラモンもシュードラ（下級民）も一切区別がないとまでは言っていません。バラモンならバラモンらしく行いをまず清かにすべきだというのが主張で、仏教をしてよく言うようにカーストを頭から全否定した社会思想のように思うのは実際とは少し違います。釈尊はそのような社会的階層の在り方そのものを批判するというより、いつもその人の個人的立場あるいは、社会的立場によって最も適切な理解しやすい言葉を選んで説法されたのだと思います。

釈尊のお言葉には政治や社会制度そのものを論じたものというのは、見当たりません。むしろ釈尊の教えはその人その人の立場に最もふさわしいものが説かれていると思います。宗教というと何であれ、万人共通の汎用的な絶対的真理のみを説くものだと決めつけることは、仏教を学ぶ上では正しい解釈になりません。その人の立場や状況によって異なる説法もあり得ます。もちろん、仏法の前には何人もその本質には上下なく平等だというのは大前提です。でも、同時に個々の説法においてはその人その人の置かれる立場においてどう法を説くべきか、それが釈尊のお言葉からは窺えます。さらに本質的な平等、存在としての平等を言うなら、階級は愚か、これは人間でなくても動物でも鬼神でも天人でもいっしょなのです。

「仏法」のインドでの言葉はダールマです。このダールマの言葉は世界とか宇宙といっしょの意味です。つまり、宇宙の理法に沿うことこそが仏法なのです。宇宙自体には身分も神々や人と動物の区別も関係ありません。仏法の前における我々はつまり宇宙における我々と同じ意味で平等なのです。

ヒンドゥー・タントリックの荼吉尼天

さて、インドにおけるダーキニーが実際どのようなものとされているのか、実際インドでヒンドゥーの修行経験のあるさきほどの井口梵森さんに聞いてみました。先にも申しましたが、井口さんはインドでタントラと言われるヒンドゥーの密教とも言える部分を修行した方です。彼が口伝された流派のタントラ信仰の位置づけは、以下のようなものだそうです。

世の中が穢《けが》れた暗黒時代（カリユガ）になりますと、人間の心も相応して暗黒の性質を帯《お》びるようになる。すると清浄なヴェーダの神々は地上から天界に戻り、かわってバイラヴァ、カーリーなど恐ろしくも不浄に強い神々が権化《ごんげ》し、救済の活動を行う、という思想背景です。ちょうど密教で明王の強力で恐ろし気な尊格が台頭するのとよく似ています。

また、それらは多分にシャクティという女性性に象徴される力を重くうけとめ、しばしば明確にパートナーを持つ尊格として表現されます。

宗教学的にはタントラの語はヒンドゥーのみならず、ジャイナ教、仏教の後期、驚くべきことに現代インドのムスリムの用語としても使われます。

さて、ダーキニーは、インド社会の信仰の中心とはなり得ない精霊、辺境に棲《す》む鬼女の一種でありましたが、タントリックにおいては、主尊となる女神の活動を担う従者として、あるいは、世界や身体を構成する原理の力として昇華された形になります。神話や儀軌《ぎき》（密教の原典）においてその働きは、二、六、八、六十四尊と数に相応する展開をしていくことになりました。

●ダーキニーの一展開　ヨーギニー・チャクラ

最も一般的なタントリックのテキスト『ブリハッドインドラジャーラ』で、インドの日陰者的存在であったダーキニーが、日本の家相でいう金神《こんじん》や歳徳神《としとくじん》といった神殺のような展開をした例として、「ヨーギニー・チャクラ」があります。

これはタントラ修行をする際に祭壇（行者が向かう座）を使う方位の吉凶を見るものの一つです。

インド占星術ではティティ（tithi）と呼ばれる月齢があり、新月の朔日から満月までを白月（シュクラ・パクシャ）、下弦初日から新月直前を黒月（クリシュナ・パクシャ）といいます。「白月の○日に開白する」という言い方は漢訳の密教儀軌にも頻出する表現で、インド占星術のティティが、密教でいかに重要視されたのか分かります。

さて、ヨーギニー・チャクラを使った吉凶判断は単純です。**図1**の月齢の数字の方位にヨーギニーが座していると考え、

①行者の座がヨーギニーの方位に対して九十度右に向いている場合、ヨーギニーは財を破

る（即《すなわ》ち凶）。

②行者の座がヨーギニーの方位に対して九十度左に向いている場合、ヨーギニーは楽を与える（即ち吉）。

③行者の座がヨーギニーの方位に向いている場合、行者は死亡（又は寿命の短縮）する。

④行者の座がヨーギニーの方位に背を向けている（一八〇度）場合は大きな財を得る（即ち大吉）。

図1　方位とティティの表

月齢	ティティ（ただし白月黒月を問わない）
北	二日／十日
北東	八日／十六日
東	一日／九日
南東	三日／十一日
南	五日／十三日
南西	四日／十二日
西	六日／十四日
北西	七日／十五日

（例）新月（白月）の三日は、ヨーギニーは南東にいるので、その方位に行者が向いて修行をすれば死（寿命の短縮）があり、南西方位に向けば楽を得、北東方位に向けば財の減少、北西方位を向けば、財の増大を得る、と見るのです。

●ヨーギニーとダーキニーの違い

ヨーギニー（瑜伽女《ゆがにょ》）とダーキニー（荼吉尼）は、様々なタントラ原典を紐解くと、よく交換可能な名称として出てきます。ここで注意すべき点は、我が国のヨガ専門女性誌の名称のようにヨーガを修する女性を、一応はヨーギニー（「ヨギーニ」は英語訛《なま》り）と呼ぶことも可能ですが、普通は人間である彼女らをダーキニーとは呼びません。一方、タントラの文脈においてダーキニーは、ヨーギニーの概念が重なりはしますが、同時に、女神の働きの仲立ちをする霊的存在であったり、時には女神そのものとして崇拝されるまでに昇華したり、あるいは身体を構成する諸元素の神聖な力（シャクティ）を表したり、時に羅刹女《らせつにょ》としての原姿から不吉の暗示をすることもある、実に多様な意味をもって展開したのです。

チベットでダーキニーは「カンドゥマ」と翻訳され、現在の漢訳で「空行母《くうぎょうも》」といいます。その名の通り、こちらのダーキニーは必ず空間を飛行する性質を持っていて、図像でもそのように描かれます。面白いことに、その空中飛行イメージは、我が国の多くの荼吉尼天像の作例を見ても分かる通りきちんと継承されています。

ところで、現代インドにおいてダーキニーのイメージはどうかというと、空中浮遊するイメージはあまり見かけません。多くが地に足を着けて描かれることが多いのです。その理由は、本国インドと他の国のイメージの違いは、ダーキニーという語の語源解釈の違いによるものかもしれません。

7日 15日	2日 10日	8日 16日
6日 14日	अथ योगनिचिक्र ヨーギニー・チャクラ	1日 9日
4日 12日	5日 13日	3日 11日

図2　ヨーギニー・チャクラ

方位は上が北で下が南。この方位に記載の時期からダーキニーがいると考えられている。

前述の月齢（ティティ）から割り出す単純な方位吉凶図「ヨーギニー・チャクラ（図2）」は、太陽と月の交錯角度によって変化する地磁気の乱れと人間への影響を見る法の一つです。

図2の使用目的は、修行上の凶意を、鬼女としてのヨーギニー、すなわちダーキニーに重ねた上でその関係性を利用し、吉意へ変化させることにあります。これは多少想像力をたくましくすれば、屍林を住みかとした最下層の鬼霊が、

大日如来の加持と教勅により衆生に利益を与える存在へと変容せしめられたこと、巷《ちまた》の凶は絶対的な凶ではなくこちらのポジション次第で吉として顕《あらわ》れ得る、そんな密教思想の残存と言えなくもない、と思われます。

以上が井口さんのお話です。これは私とのやり取りの中の話なので宗教的に多少専門的な言葉が出て参りますので、一般的にはやや分かりにくいかもしれませんが、インドにおけるダーキニーが、方位神としての性格を帯びる展開もあったことがお分かりかと思います。こうした方位神としての性格は面白いことに日本の荼吉尼天にも若干みられます。また、この時期によって所在が変わるのは日本では荼吉尼天と密接にかかわる「玉女神」や陰陽道でいう「巡り金神」に近い性格と言えましょう。

チベット仏教の荼吉尼天

インドと並んで荼吉尼天が存在するもう一つの地域といえば、チベット（今は中国領）やブータン、ネパール、モンゴルなどチベット仏教を信仰する国々があります。つまりチベット仏教における荼吉尼天の存在がありますね。先の井口さんのお話にもありましたが、チベット仏教では荼吉尼天は「カンドゥマ」つまり「空行母」と言われています。言ってみれば「空を行く女性」という意味です。彼女たちは智恵《ちえ》の権化であり、チベット仏教的な表現では修行者は彼女たちと性的に交合して仏の智恵を得られるのだという表現をしています。無上瑜伽《ゆが》タントラというチベット仏教の中で最後に登場した教えでは、彼女たちは明妃《みょうひ》と呼ばれ、ヘールカと呼ばれる一群の守護尊の性的なパートナーとして曼荼羅《まんだら》に描かれます。単独尊としてはバジュラ・バラーヒーやナイラートマーなどが信仰されます。

またダーキニーはチベット仏教でいう「テルマ」と呼ばれる一群の埋蔵経もかかわる重要な尊格です。埋蔵経とはチベット仏教のニンマ派の祖・パドマサンバヴァとダーキニーである彼の弟子イェシェ・ツォギェルとが、将来テルマを修行者たちが出会うべきその時に邂逅《かいこう》することができるように、地中や弟子たちの心の中に埋蔵した秘密の経典であるとされているという経典のことです。日本でも『華厳経《けごんきょう》』の大部分は本当は龍宮に秘蔵されているというのがありますが、それに似た話です。

「テルマ」には地中に秘められた経典としての「大地のテルマ」と心に秘められている無形の「霊感のテルマ」の二種類があるとされます。僧侶が死んだ後いかなる道に進むべきかを死者に読み聞かすという、日本でも話題になった『チベット死者の書』もそのひとつといいます。こうしたテルマはチベット仏教の主要な四派のうち、ニンマ派のみならずゲルク派（現在のダライ・ラマ猊下《げいか》の門派です）を除くカギュ派やサキャ派といった宗派にも存在するといいます。

私が親しく教えを頂戴《ちょうだい》したニンマ派のニチャン・リンポチェ（高僧）の教えでは妃（ダーキニー）を抱く尊像は多く存在し、それらはおしなべて単尊像より深い秘密の意味を表現しているとのことでした。

もっとも、チベットにおける荼吉尼天は日本の荼吉尼天とはまるきり姿が違います。ほとんど装飾品以外は裸形の美女がカーヴァトンガという棒を持ち、血を盛った髑髏の盃《さかずき》（カパーラ）をあおる姿が基本のようです。寡聞《かぶん》にして狐などに乗る姿は知りませんが、同時に眷属である荼吉尼には狐や蛇などの獣頭のものもたくさんいるとされます。

我が国におけるこうしたチベット仏教的な荼吉尼天は一例を挙げれば、『大正新脩大蔵経』に所載する『仏《ぶっ》説《せつ》大《だい》悲《ひ》空《くう》智《ち》金《こん》剛《ごう》大《だい》教《きょう》王《おう》儀《ぎ》軌《き》経《きょう》』（宋代　法護訳）に「拏吉尼」という表記で出現しますが、こうした荼吉尼天に対する信仰や、経典に基づいた修法は歴史的には知られていないようです。ただ特筆すべきは同経典の「拏《だ》吉《き》尼《に》熾《し》盛《じょう》威《い》儀《ぎ》真《しん》言《ごん》品《ほん》第《だい》二《に》」にみられる「金剛荼吉尼はすなわち無我の義である」という言葉で、これは端的にチベットにおける荼吉尼天がどのような捉え方をされているかを語っているものと思います。仏教で最も基本的な「諸法無我」の象徴なのです。「諸法無我」とは私たちは常に時間とともに変化する存在で固定的な自我の本質などないという考えです。このゆえにチベット仏教の「チュウ」という行法における観想では、荼吉尼天は我々の本質ならぬ本質として修行者の体から飛び出し、抜け殻となった修行者の死体を切り裂いてグツグツと煮詰め、甘露水にして諸仏や一切衆生に施すというすさまじい行法がありますが、これも空を覚知するための行法にほかなりません。

なお、余談ながら真言密教の書『覚禅鈔《かくぜんしょう》』には、「愛染明王《あいぜんみょうおう》」の異名として「吒枳王」という尊格が挙げられています。『妙吉祥平等秘密最上観門大教王経《みょうきちじょうびょうどうひみつさいじょうかんもんだいきょうおうきょう》』（宋代　慈賢訳）には、吒枳王が「大愛明王」とされており、その真言が愛染明王の真言である「ウン　タキ　ウン　ジャク」と同じであるので、真言宗の碩学《せきがく》、那須政隆先生は吒枳明王を愛染明王であると考察していらっしゃいますが、思うにこの吒枳王というのは極めて荼吉尼天にも近い淵源を持つ尊格ではないかと思われているようです。愛染明王は人間の愛欲を昇華して仏智に至らしめる明王です。世間では「恋愛成就の仏」といわれ人気を集めますが、別名「離愛金剛」として知られ、強烈な愛欲の執着から人を解き放つという側面もあります。不動明王と並んでよく知られますが、不動明王が青黒色の体の奴僕《ぬぼく》の姿で行者に給仕する明王といわれるのに対して、愛染明王は真っ赤な体できらびやかに身を飾り王者の三昧にいる明王であるとされます。しかし、この赤い体は衆生の深い煩悩を憐《あわ》れみ、血涙に染まった姿とも言われています。

また、私が修行している行軌（密教の実践テキスト）などでは愛染明王自体は「明妃」と記されており、女性的な尊格とされております。そこからも荼吉尼天との何らかの交渉があったのではないかと思わせます。

チベット仏教にはクルックラー（赤ターラー）という敬愛の女神があります。日本の尊格に直すと名前からは「枳理枳羅金剛」という五秘密菩薩の一人に当たるかと思うのですが、イメージ的には花の矢をつがえており、むしろ愛染明王に近い尊格に思えます。五秘密菩薩もまた愛染明王と同じく人間の愛欲を昇華して密教の智恵に変換する五人の菩薩です。これも広い意味ではチベットではダーキニーの一種とされるようです。思うに宋代のこうしたチベット仏教系の経典類も、平清盛《たいらのきよもり》（一一一八〜一一八一）などが行った平安末期の日宋貿易に伴い相当数入ってきたのでしょうが、従来の唐代に日本にもたらされた密教とあまりに違うスタイルであることから、定着しにくかったものと推察します。現代では日本国内にもチベット密教を学ぶ機会はあり、各種の団体によって伝授会も開かれていますから、ダーキニーの成就法なども実践する人は少なからずいると思います。興味のある方はそうした方面にお訪ねになるといいでしょう。ここではチベット密教の茶吉尼天についてはこの程度でとどめておきましょう。

変化する茶吉尼天

以上のようにインドでは、ジャッカルを使いとする恐ろしい魔女から発達して方位の神となったダーキニーは、日本では、またその様相を変えて狐をお使いにする美麗なる仏教守護の天女像として普及しました。勿論この姿はインドにもチベットにもありません。日本独自の茶吉尼天像です。おそらく平安末期から鎌倉時代にできたのでしょう。ハッキリ言えば福神としての茶吉尼天という神様は日本でできた存在なのです。中国はもちろんインドにも夜叉《やしゃ》であるダーキニーはいても、このような「茶吉尼天」はいません。チベット仏教やヒンドゥー・タントリックのダーキニーは宗教者の修行にかかわる特殊な存在で稲荷神として庶民に崇められる日本の茶吉尼天とは大きく性格が異なります。また中国から直にもたらされた胎蔵曼荼羅《たいぞうまんだら》に見られる餓鬼のような鬼神ともその姿は全く違います。

現在、茶吉尼天として知られる姿のモデルは実はもともとは財宝の神であり、戦神としても知られる弁才天が眷属である狐に乗る姿であったようです。明治以前には全国のお稲荷様の総社である「伏見《ふしみ》稲荷」も一説にその本地は弁才天とされていました。「弁才天修義」という極めて神仏習合色の強い行法次第では弁才天について「夢中に白狐に乗りて、玄応を垂れ云々」という文言が載っています。つまり夢の中で色々と霊示をする弁才天が白狐に乗っているというのです。つまり、荼吉尼天とはこのスタイルです。弁才天様なのです。なぜなら弁才天はすでに宇賀神《うがじん》と言われ蛇体の別な姿でも知られており、それは同時に穀物の神ウカノミタマノミコトそのものとされてきたからです。すでに述べましたようにウカノミタマノミコトが最もお稲荷さんを代表する神祇です。大概の稲荷神社で御祭神とされています。また、仏教的に言えば「宇賀神」ということです。通常は宇賀神は老仙人の顔をした人面蛇体の神として表現されます。

宇賀神信仰のために鎌倉時代には『弁財天五部経《ごぶきょう》』のような和製のお経もできてきました。その中のひとつ『白蛇示現三日成就経《びゃくじゃじげんみっかじょうじゅきょう》』では白い一本角を持った白蛇ともされています。「弁才天修義」という行法自体も五部経の一つ『最勝護国宇賀耶頓得如意宝珠王陀羅尼経《さいしょうごこくうがやとんとくにょいほうじゅおうだらにきょう》』から編み出されたものですが、伝説では謙忠阿闍梨という天台僧が江の島で弁才天から授けられたとされています。

荼吉尼天と稲荷を結ぶ接点にはこの弁才天、宇賀神の存在が欠かせません。極端なことを言えば日本の荼吉尼天信仰とは宇賀神信仰の別な顔として展開してきたと言っていいと思います。そこにはもうインドから来た恐ろしい鬼女の姿はかの女神の属性をとどめるものにすぎず、もっぱら福神として深く信仰されていきました。インドのダーキニーの片鱗を残すものはわずかに狐の信仰にジャッカル信仰の名残を残すのみとなったのです。

人面蛇体の宇賀神（左）と宇賀弁才天（右）の石像

ただし、出自がまぎれもない夜叉と呼ばれる鬼神であったことは密教の典籍の中に残っています。『大日経疏《だいにちきょうしょ》』の中にはダーキニーたちが仏教の善神になるまでのお話が出ています。ダーキニーたちは人間の人黄と呼ばれるものを好み、人に取り憑《つ》いて殺し、それを奪うとされて恐れられてきました。この人黄というのは諸説あり、人の頭骸骨の合わせ目にある骨とか、肝臓のことと言われています。中でも肝を食べるという説がとりわけ畏《おそ》れられていたので主流は肝臓と考えるべきかもしれません。そこでお釈迦様は荒野にダーキニーたちを呼び寄せ、大黒天になってダーキニーたちを飲み込んだといいます。大黒天というと日本では大国主命《おおくにぬしのみこと》と習合したニコニコ顔で肥満体の袋と木槌を持った神様と思いますが、元来のインドの大黒天はそのようなお姿ではありません。密教の胎蔵曼荼羅の最外院にはその姿がありますが、その名の通り黒い体の大憤怒の三面六臂の半裸形の神です。羊と餓鬼の頭をつかんで、刀を横たえ、後ろにはゾウの生皮をはいで高く掲げる世にも恐ろしい姿です。後ろには火炎も燃えています。これはマハーカーラと言われ、インドでは先にご紹介したカーリー女神の夫に当たる神です。つまりシヴァ神の怒れる姿の一つといいます。シヴァはヒンドゥー三大神の中では破壊の神と言われ、ほかにも多くの恐ろしい姿があるとされます。大人気のカーリーに比べマハーカーラはインドではあまり見ません。彼は死の神であり、それを見るときは死を意味するからだと聞きました。

お釈迦様はそのマハーカーラに変身してダーキニーたちを飲み込みましたが、殺さずにその悪行を戒めました。

彼女たちにも言い分がありました。

「私たちは他に食べるものがないのです」

「ならばせめて生きている人ではなく死んだ人のものを食べなさい」

「いいえ、お釈迦様、人が死ぬと多くの大力の鬼神が集まって先を争って死体を奪いあいます。私たちでは到底彼らには勝てません」

「では人の死をあらかじめ知る呪文を授けよう」と言ってお釈迦様から彼女らが授けられたのが荼吉尼天の真言であるといいます。ここはとても興味深い部分です。

釈迦如来

人の死体を奪おうと、たくさんの鬼神が集まるのは、草原で動物が死ぬとハゲタカ、ハイエナ、カラス、ハゲコウ、ジャッカルなど死肉を食べるために群がるのと同じ描写だなと思うのです。死体を奪うといっても冥衆《みょうしゅ》が奪うのは肉体ではなく肉眼には見えぬ別なもの、人の生気のようなものなのでしょうか。

中医学では人が死ぬときは亡陽といって陽気がまず出ていくといいます。あるいは香りのようなものかもしれません。インドでは香をよく焚《た》きますが、これは冥衆や神々はそれを召し上がるからだといいます。まさにジャッカルの精であるダーキニーもそこに現れるのですが、ジャッカルはインドに生息する大型のシマハイエナなどには勝てません。オオハゲコウのような巨大なくちばしをもつ巨鳥にも勝てないでしょう。同じようにほかに様々な力の強い鬼神がやってくるのだといいます。日本でもよく人が死ぬと守り刀を置きますが、それもそうした魔物が近寄らないためといいますね。

まあ、でもお釈迦様はダーキニーに死体からは食べて良いと言っているのですから、死んだ方に差しさわりはないのでしょう。このためにダーキニーは六か月前に人の死を予知するといいます。ここから転じて荼吉尼天を深奥すれば未来予知ができると信じられました。こうした話を密教の僧侶は知っていたので、実は誰よりも荼吉尼天を怖いとか気味の悪いものと思っていたのは、僧侶たちかもしれません。今でも荼吉尼天供など恐ろしいと敬遠する僧侶は多いようです。

その点ではヒンドゥーではガネーシャ神として知られ、密教では同じく魔神から護法神になったと言われてきた聖天と双璧と言っていいでしょう。一知半解《いっちはんかい》な人というのは実に困ったもので、この密教の縁起談を半端に知っていて、荼吉尼天は悪魔の類だから信仰してはいけないという人もいるようですが、この話は悪魔だったダーキニーが改心し、仏教に帰依する話であって、悪魔のままなのだという話ではないのです。それをこの故事をもって荼吉尼天は良くない存在であるというならこのお話の意味がまるでないことになります。

ガネーシャ神

実際に正規の密教行法でも、胎蔵法の諸尊としてこの荼吉尼天の印と真言は必ず出て参ります。その意味では密教の基礎を終えた人は、必ず一度は荼吉尼天の真言を唱えて印を結んでいるということになります（最近は胎蔵法の諸尊の印言を省略する流派もあります）。

密教ではすべてのものは大日如来を宿す存在として考えます。その意味では人も鬼神も仏も平等なのです。それが理解できないままでは、やはり荼吉尼天もなかなか理解はできないのだと思います。まさに密教の相承者たちは意識してこうした禍々しい鬼神を曼荼羅の一員として選んだのに違いないのです。私などはここが分かるか、分からないかをそうした密教の達人である相承の阿闍梨《あじゃり》様たちにためされているような気がするのです。

世上、よく仏像に詳しい人などは、如来、菩薩、明王、天というカテゴリーでものを考えて如来が最も悟った素晴らしい存在であり天部に至っては悟っていない護法的存在などと言いますが、一応そういう区別はあるものの、密教では基本的に諸尊を最高の仏である大日如来と同質の存在と考えて、そのようなヒエラルキーにはこだわらない目も持つものです。

聖天・弁才天・荼吉尼天

宇賀弁才天が狐に乗った姿とされた荼吉尼天は、さらに聖天とも集合して、ここに三尊合一の姿も生まれるようになります。つまり中央は荼吉尼天で、向かって右が聖天、左が弁才天の三面で、十二臂を持ち翼が生えており白狐にまたがります。

聖天との交渉は具体的によく分かりませんが、荼吉尼天が愛法神とされ、愛欲をつかさどるとされたあたりから、夫婦二天の姿である聖天尊とのかかわりが濃密になっていったのでしょうか。また伊勢信仰ともかかわりが深く、真言宗の神道思想を中心に、伊勢の内宮は太陽で聖天。外宮は月で弁才天。近隣の霊山、朝熊山は明星で荼吉尼天とされました。

つまりはこれらを一身に表せば三天合一の姿になります。これはしばしば「夜叉神」とか「玉女神」との異名でも信仰されました。とりわけ注意したいのは玉女神で、これはもともとが陰陽道の神です。三体玉女といって三人おり、方位の吉神でありました。これがそれぞれ聖天、弁才天、荼吉尼天に充《あ》てられたのでしょう。これより荼吉尼天にはインドのタントリックのそれと同様に方位神としての性格も備わります。時間と空間は究極的には同質のものと陰陽道では考えますので、同時に荼吉尼天は厄除け、星避けの神ともなりました。この姿の荼吉尼天はしばしば日月を左右の手に持ったり、左右の面の上に置いたりします。日月を持つことは時間軸に作用する力を持つことを表すのです。こうしたことも、多分『大日経疏』にある六か月前に人の死を知る力を与えられたというところから発しているのでしょう。

密教では一年の災厄を除くために「星供《ほしく》」というものをします。「星祭」ともいいます。人の運勢を星になぞらえて供養するのですが、そこでは蠟燭供《ろうそくく》といってお供物の上にロウソクを立てます。これはロウソクの明かりが星で、丁度お供物の上に降臨した姿を表現するのでしょうが、荼吉尼天を供養する「荼吉尼天供」でもそうした作法があり、荼吉尼天自体にも「星」に似た性格が込められていることが分かります。

この姿の三面荼吉尼天の古画は伏見稲荷の「稲荷大明神」の像とされて、教王護国寺に所蔵があります。教王護国寺は伏見稲荷とかかわりが深く、鎮守神と考えますので、そうした所蔵があるのでしょう。

三面十二臂荼吉尼天像

ここにきてインドではただの魔物にすぎなかった荼吉尼天はとてつもない姿に変貌してしまいます。具体的に申しますと、狐に乗った天女は三面十二臂に変身し、背中には翼まであります。三面のうち一面は象さんのお顔になっています。これが象の頭をした神「聖天」の顔なのです。またもう一つの天女の顔は弁才天と言われます。さらに頭上に人面蛇身の宇賀神、北斗七星や獅子面までも配します。この獅子はおそらく本地の文殊菩薩を表しているのでしょう。文殊菩薩は獅子に乗りますから。「稲荷大明神」と題されていますから、神仏習合時代にはお稲荷さんとしての荼吉尼天とはこういうお姿だと信じられていたわけです。

聖天さんというのは拙著『あなたの願いを叶える　最強の守護神　聖天さま』（大法輪閣刊）をお読みいただければ分かりますが、一切天部の尊の中でも無比の霊験を顕すと言われた天尊です。もともとはインドのガネーシャ神で、インド料理店などでよくお目にかかるあのゾウさんのお顔をしたユーモラスな神様と同じ方です。この神様はヒンドゥー教でもものすごく人気があるので仏教ではかなりその信仰をライバル視してきたとみえて、仏教の伝説では魔王ということになっています。魔王だった聖天様はさんざん悪いことをする、特に善事や喜びごとに水を差す常随《じょうずい》魔《ま》という悪魔の首領だとみなされてきました。

仏教へは観音様が常随魔の女身で近づきこの神を善化させたといいます。まあ、観音様の色仕掛けと言っては叱られますが、こういうところがいかにも洒脱《しゃだつ》で手段ということを大事に考える極めて密教らしいところです。

密教の最重要な経典である『大日経』には「三句の法門」というのがあります。「菩提心《ぼだいしん》（即身成仏を志す心）を因とし、大悲《だいひ》（大いなる慈悲の心）を根とし、方便《ほうべん》（ここでは衆生救済のための手段）を究竟《くきょう》（究極の目的）とする」というものです。ここでは方便こそが密教の究極にあるべきものとされています。観世音が常随魔の女天に変化したのもこの方便です。密教は即身成仏が目的といいますが、それで終わるのではありません。それを果たしたら大事なのは「衆生救済」です。だからこそ日本で密教のみで一宗「真言宗」を立てられた弘法大師のお言葉にも「衆生尽き。虚空、尽きなば、わが願も尽きなん」と言われています。「衆生やそれを生み出す虚空界もなくなったら私の願いというものもないのだ」というのです。ましてや大慈大悲の観音様ともなれば衆生のためならば魔女に化けて魔王に近づくこともするわけです。

私の師匠はこの元魔王である聖天様の御祈祷《ごきとう》をもっぱらにしました。故に師匠はいつも「魔王だった聖天様に嫁《とつ》いだ観音様のお慈悲を思わなくてはいけない」と言われたものです。大事なことというのは観音様はただ泣く泣く魔王の欲望を満足させるために人身御供になったわけではないということです。智恵をもって魔王を聖天尊という善神に導き方向転換させたのは、観音様の大いなる智恵のなせるところです。ですから方便というのは単に手立てというよりは衆生救済のための智恵と言ったほうがいいかもしれません。単に犠牲になるだけなのでは智恵とは言えません。

弁才天様についてはすでに述べましたが、この複雑なお姿の稲荷大明神の像では真ん中のお顔が弁才天様です。ですから頭上に人面の白蛇神である「宇賀神」が乗っています。

稲荷明神は習合時代には弁才天の御化身といいました。荼吉尼天は稲荷大明神の化身もしくは同体とされましたので、向かって左のお顔に充てられています。聖天、弁才天、荼吉尼天の三面を備えたお姿のお稲荷様で、手も多く背中には翼も生えています。今でもこのお姿の稲荷大明神の画像が伏見稲荷と関係が深かった京都の教王護国寺（東寺）には所蔵されております。

また冒頭でも言いましたが、荼吉尼天は仏教のお稲荷様ですので、各地のお寺に祀られている○○稲荷という境内地の鎮守はほとんどが荼吉尼天です。ただし、その多くはいま述べたような複雑怪奇な姿のお稲荷様はほとんどなく、やはり狐に乗る二臂の女神像がもっとも多いと思います。

第二章

荼吉尼天はどう信仰されてきたのか

密教伝来と荼吉尼天

荼吉尼天は密教の信仰から出た天尊です。顕教《けんぎょう》のお経、つまり密教以外のお経にはほとんどその名も見られません。密教は弘法大師空海上人が唐からほぼすべてをお持ち帰りになった教えです。先に伝教大師最澄上人もその一部を持ち帰りましたが、最澄上人の課題は天台山に行って法華一乗の教えを持ち帰ることでしたので、密教については空海上人ほど多くは学ばなかったといいます。

その教えの要は「三密加持《さんみつかじ》」と言われ、口に仏の言葉を唱え、身に仏の形を現し、心に仏の姿を思えば、仏と一体になれるというものです。そのためには仏の言葉である「真言」、さまざまに手を組み合わせて仏をあらわす「印相《いんそう》」、そして仏をあらわす梵字である種字《しゅじ》や、仏の働きをあらわす三昧耶形《さんまやぎょう》によって、仏そのもののお姿を知らねばなりません。こうしたイメージ像を「観想《かんそう》」といいます。真言、印相、観想の三つを三密といって密教を本格的に学ぶには必須です。

例えば、お釈迦様なら「ナマクサマンダ　ボダナン　バク」というご真言を唱え、手に鉢印《はちいん》という印を結び、お釈迦様が梵字《ぼんじ》からお働きをあらわす事物、そしてお姿になることを心に思います。

そうしてそれを強化するために真言を千遍単位の数でお唱えしていきます。こうするうちに仏との一体感を深めていくのです。密教の修法というものの大要を言えばこういうことです。

しかし、こうしたものはただ勝手に調べてすればいいのではなく、密教では素質を見極めて、密教のマスターである阿闍梨から「伝法」という形で教育されます。この「伝法」の形式を得ないと、それは「越三昧耶《おっさんまや》」という宗教上の罪になるとされます。したがって本来は素質がない人は学べないし、門外漢には窺い知れません。その故に秘密の教え「密教」といいます。

このように特定の資質や才能を問うので、誰もが仏に成れるというテーゼの「大乗仏教」ではあっても、これはかなり特殊な領域であると言えましょう。ただし、「真言密教」というように、真言を唱えることは行者でなくても信徒でも比較的許されるものなので、印相や観想を知らなくても真言宗の檀信徒さんなどはもっぱら、真言をお唱えします。

胎蔵曼荼羅・中台八葉院

密教では色々な段階があります。檀信徒には結縁灌頂《けちえんかんじょう》というような仏と縁を結ぶ秘儀において曼荼羅を礼拝することが許されます。密教寺院などでは主に「胎蔵曼荼羅」と「金剛界《こんごうかい》曼荼羅」が一対にしてお祀りされます。簡単に言うと真ん中に八葉の蓮華《れんげ》

金剛界曼荼羅・成身会

があり九人の御仏がおわし、一般に言えばそこを中心に十二のエリアに展開していくのが胎蔵曼荼羅で、九つのエリアに区切って描かれている方が金剛界曼荼羅です。並べてお祀りする場合は向かって右手が胎蔵で左手が金剛界というのが通例です。一般に言えば……と言いましたのは金剛界でも一会のみ、つまり一エリアのみのものもありますし（天台宗で用いる）、また、胎蔵曼荼羅も儀軌では十三大院とされていて、原図の曼荼羅のみが定まった形とは言い切れないからです。

さて肝心の荼吉尼天はというと、この胎蔵曼荼羅の最外院の南方にいます。「最外院」はその名の通り胎蔵曼荼羅のふちに当たります。仏の世界とは一線を画し、もともとバラモン教の神々や星宿神、龍神や乾達婆《けんだつば》などの精霊のいる世界です。密教ではこの最外院もすべて仏の世界とみなします。言うなれば宇宙仏である大日如来の現れなのです。大日如来から見ればお釈迦様もまた自分の現れだということになります。

大日如来はお釈迦様のように肉体を持たないキリスト教で言う神様的な存在です。ただしキリスト教の神様との一番大きな違いは創造主ではないことです。創造する、創造されるという関係でなく、全てが大日如来の現れであるというのです。皆さんも私も犬も猫もアリも全部です。ですからインドで恐ろしい魔物とされてきた荼吉尼もそこからもれるものではないのです。そこに仏性を見出せば、それなりの仏としての働きが現れるというのが密教の考えです。胎蔵曼荼羅の荼吉尼とその眷属は死体をかじる、すさまじい姿で表現されています。でもこれが大日如来の姿でもあるというのが胎蔵曼荼羅の考えなのです。しかしながら、弘法大師の頃の密教では荼吉尼天はインド由来の鬼神であり、本尊として拝まれるということはまだなかったと思います。

我が国の密教は真言宗だけではなく、もういっぽうに天台宗の密教である「台密《たいみつ》」つまり天台密教があります。これは弘法大師と同時代を生きた伝教大師最澄上人がもたらしたものです。天台宗はもともと隋代の天台智顗《ちぎ》（五三八〜五九七）が『法華経（妙法蓮華経）』を中心にすべての仏教を体系化した教えです。そこに密教は入りません。何故なら天台大師の頃には密教の存在はまだ知られていないからです。最澄上人はこの天台学を極めに入唐しますが、その間、不空《ふくう》、一行《いちぎょう》から密教の手ほどきを受けた順暁阿闍梨から密教を学ぶ機会を得ました。しかしながらもともと天台学を学ぶために入唐したので、密教におけるその学びは十分とは言えませんでした。それで以後、天台宗では円仁《えんにん》、円珍《えんちん》という二人の僧が入唐しもっぱら密教を学ぶことをして帰りました。結果、天台密教である「台密」は真言宗の密教「東密《とうみつ》（東寺《とうじ》を根本道場としたのでこう言う）」

と並んで日本の二大密教の流れを形成します。その中にも荼吉尼天の修法はなかったと思います。ただ伝説では伝教大師は多くの法とともに荼吉尼天法と牛頭禅《ごずぜん》（隋代に起きた牛頭山で起きた禅風。衰退し残っていない）の二つを持ち帰ったが、これらは相輪塔の下に埋めて封じたという伝説が

上：ナーガ（龍）
右：ヤークシャ（夜叉）

あります。この故に荼吉尼天法があるのは東寺と三井寺《みいでら》のみと言われた時代もありました。ただし、実際は山門の叡山文庫《えいざんぶんこ》にも多くの荼吉尼天法が残っていますから、これは荼吉尼天法が生まれたごく初期のころの話にすぎません。

　後述しますが、鎌倉時代の比叡山の僧である光宗《こうしゅう》が書いた『渓嵐拾葉集《けいらんしゅうようしゅう》』にはすでに詳しく荼吉尼天についての記述が出てきます。入唐八家《にっとうはっけ》といい八人の高僧が入唐求法しましたが、荼吉尼天法は実際には誰も持ち帰っておらず、やはり荼吉尼天の信仰そのものが日本でできたものと思います。今もインドのヒンドゥー教ではダーキニーは、恐怖の女神マハーカーリーに仕える恐ろしい魔女とはされますが、ヤークシャ（夜叉）やナーガ（龍）、ラークシャサ（羅刹《らせつ》）と違い、単独のサーダナー（供

養法）はあまり見ないようです。結果として茶吉尼天への信仰があるのはインドでもヒンドゥーのタントリズム、チベット仏教文化圏と我が国のみであり、そのそれぞれもかなり違う独自な信仰になっています。

『平家物語』と茶吉尼天

茶吉尼天信仰でも古くから有名なのは『平家物語』で描かれる平清盛《たいらのきよもり》です。清盛は当初、大変貧しかったので何とか裕福になりたくて茶吉尼天を信仰したといいます。ある日狩りに出た清盛は野原で不思議な美女と出会います。これが茶吉尼天でした。清盛は彼女を「貴狐天王《きこてんのう》」であったと述懐しています。茶吉尼天にはほかにも「白晨狐王菩薩《びゃくしんこおうぼさつ》」などという名もあり、狐との縁が深いことがその名前からもよく分かります。彼が思うには、自分が貧しいのは荒神の祟《たた》りであろう。ならば弁才天こそ祈るべきだ。今この貴狐天王は弁才天の化身のひとつだと清盛は考えたといいます。ここらあたりは当時の宗教観を知らねば分かりませんが、弁才天は荒神の本地であるとされていましたし、何より人を不幸にする三毒神を退治するのは弁才天という信仰がありました。

面白いのは清盛は信仰すべきなのは弁才天と言いながら、荼吉尼天を祈ったというのです。荼吉尼天即弁才天という信仰の体系がここにも窺えます。『平家物語』では、それでもいったんは「荼吉尼天は一代の栄華に終わるというから止めようか……」と躊躇《ちゅうちょ》しますが、結局はこのまま貧しいよりは良しと考えて踏み切る清盛が描かれています。こうした信仰のあり様は平安末期から鎌倉時代のものです。『平家物語』自体が鎌倉時代に描かれたものですが、この内容もおそらくは創作でしょう。しかしながら、当時荼吉尼天がどういう存在として考えられていたかという宗教思想がここに明確にみてとれるのです。実際は清盛が厚く信仰したのは厳島《いつくしま》明神で、これは神仏習合思想では弁才天とされてきた神です。かたや平家を討つべく挙兵した源頼朝《みなもとのよりとも》も江の島明神を深く信仰しました。これも弁才天で江の島は厳島、金華山《きんかざん》、天河《てんかわ》、富士山、竹生島《ちくぶしま》などと並んでおよそ千年にも及ぶ神仏習合時代には弁才天の霊場として有名だったところです。これらの霊場は明治初めの神仏分離令の暴挙で全く神社だけになってしまったところも少なからずありますが、それでもその多くは民間では弁才天として信仰されている傾向にあります。つまり弁才天信仰は当時の流行神でした。

貴族の時代から武家の時代に移ろうとする平安末期に、なぜ弁才天が流行したのでしょう。弁才天というと我々は福の神、智恵の神、音楽の神というイメージですが当時のイメージはいささか違います。実は当時の弁才天はもっぱら軍神として信仰されていたのです。いっぽう、このころは貨幣経済はまだほとんどありません。それこそ我が国の貨幣経済は清盛が日宋貿易で宋の国の貨幣をもたらしたことから始まったと言ってもいいのです。弁才天の登場する『金光明最勝《こんこうみょうさいしょう》王経《おうきょう》』には「弁才天は天と阿修羅の戦いにおいて常に勝を得る」と書かれています。この「天と阿修羅の戦い」というのは、インド神話上有名な話で、仏典では『正法念処経《しょうぼうねんじょきょう》』などにも詳しく書かれていますが、神々の王とされる帝釈天をいただく天の軍と阿修羅と言われる鬼神の軍は常に反目《はんもく》し戦っていることになっています。一応、仏教における帝釈天は仏法擁護の善神の代表とされていますが、阿修羅も排斥《はいせき》されているわけではありません。有名な興福寺の八部衆の中の阿修羅像をはじめ、三十三間堂《さんじゅうさんげんどう》の千手観音の眷属二十八部衆などにも加わり、やはり広い意味では仏法を守る神々の一員とされます。いわば敵同士なのですが仏法の庭には同じ守護神なのです。ほかにも龍とその龍を食べてしまう怪鳥「迦楼羅《かるら》」も同じく八部衆の仲間です。仏典の龍はもともとインドではナーガと言われ、コブラの神格化したものといわれます。これに対し、コブラを

龍を食べる迦楼羅

捕らえる巨大な鷲《わし》などの猛禽類《もうきんるい》が神格化されたのがガルーダ、つまり迦楼羅なのでありましょう。現実には我々人間の世界でも同じく仏法を信じながらも敵対する国々が昔はいくつもあったのと同じことです。

有名な『法華経』を訳出した鳩摩羅什《くまらじゅう》（クマラジーヴァ、三五〇～四〇九）という人がありました。西域の国同士でこの仏法の大学者を、自らの国に招き入れようとする王国同士で激しい戦いがあったといいます。戦争でたくさん死者を出してまでして仏法を求めても、なんのための仏法だか分かりませんが。八部衆の中にはもともと暴悪だったりする奇怪な鬼神も多いですが、そういうイメージもかさなっているのかもしれません。そういう感じで仏法を求めようと熱望する王様がインド国内のみならず、中国にかけてあちこちにいたようです。戦争ではありませんが、唐の都からインドに大乗仏教を求めた玄奘三蔵《げんじょう》もルートにない高昌国《こうしょう》の麴文泰王《きくぶんたいおう》が玄奘の徳を慕って押しとどめ、なかなかすぐにはインドに行かせてくれなかったといいます。麴文泰王はそれほどに熱烈な仏教の崇敬者でした。それでもついに出発を許可した王は特別待遇で諸国への通行証を書いてくれたり、大いに旅費を助けたりして、玄奘を最大限に応援してくれたといいます。彼は国禁を破って出国した玄奘のために、唐の皇帝にとりなしの使いまで出してくれました。この玄奘三蔵の求法の旅行譚《たん》をもとにして後にできたのが、ほかでもない有名な孫悟空の登場する

『西遊記《さいゆうき》』の物語です。いま我が国でももっとも詠まれている『般若心経』も玄奘三蔵の働きによってインドから中国にもたらされました。

話を弁才天にもどしますが、『最勝王経』の記述では、前述のように天と阿修羅の戦いにおいても弁才天が天の軍に加わって出陣すれば、必ず天の側は勝つのだというのです。そのくらい強い神なのです。普通、弁才天といえば琵琶を持つ美しい女神のイメージですが、『最勝王経』の説く弁才天は八本の御手に斧や鉄輪、長杵《ながきね》や鉾《ほこ》などを持つ大変勇ましい姿です。この故に我が国では古来、大黒天、摩利支天《まりしてん》と並び、弁才天を三軍神の一柱と言うようになります。日本における荼吉尼天のイメージは弁才天をもとに作られたものですから、弁才天の性格も多分に受け継いでいます。

『平家物語』では清盛が信仰した弁才天を荼吉尼天に置き換えたものと見られます。しかしながら『平家物語』の作者は、清盛の一代の栄華は実は荼吉尼天の魔力によるものだったのだと言いたいのでしょう。『平家物語』では荼吉尼天に対するイメージは弁才天とは違い、そのすさまじいまでの呪力は一種の魔力であり、大きな成功はもたらすが一代限りのものと描かれています。こうした一代限りの信仰というのは、どうも稲荷信仰全般にもわたって言われがちな迷信です。しかし、これは稲荷信仰においても荼吉尼天信仰においてもそうですが、大きな考え違いなのです。

実際は昔から荼吉尼天は稲荷の名のもとに多くの商家や寺院を守ってきた存在で、今でも社長宅やお店の奥深く、先祖伝来の荼吉尼天を祀る老舗《しにせ》会社は少なくないようです。この辺はやはり強烈なご利益をもたらすことでよく知られる聖天さんの信仰と似たイメージがついて回ります。聖天信仰も俗に七代の福分を一代に集める信仰といいます。聖天さんを信仰するとその一代はすごい福分がいただけるが、その代わり子孫は未来七代にわたって衰微してしまうのだというのです。荼吉尼天のもたらすご利益もよく似た感覚で捉えられていたようですが、むしろこれは荼吉尼天の福分のイメージでした。江戸時代以降に隆盛を極めた聖天さんより荼吉尼天はずっと先の鎌倉、室町時代に流行した、その意味では大先輩の神様です。もちろん、聖天さんも平安時代には存在していましたが、そのころは多分に庶民ではなく密教の僧侶方の間で灌頂のような儀式が無事であるために祈られる、密教の護法神としての存在でした。聖天さんも俗に一代かぎりの栄華に終わる信仰と言いますが、これは多分に聖天さんの福をいただきながら、かえって謙虚な信仰を失った人の末路だと思います。

大きな幸福はときとして人間の本性を裸にして現します。どこまでも欲をたくましくして、他を顧みず貪《むさぼ》ることをやめない人間にはそうした末路が待っているのだと思います。しっかりとした仏教の信仰としての聖天さんや荼吉尼天の信仰にはそのようなことはあり得ません。このような難を避けるための一方法としてですが、拙寺では現世利益を諸尊に求める方には仏戒を受けていただき、信仰の上でも明確に在家の仏弟子となっていただいています。清盛も大いに平家一門を栄えさせましたが、「平家に非《あら》ずんば人に非ず」というような平家のおごりぶりは仇《あだ》となり、やがて壇ノ浦での平家一門の滅亡を導き出したと言えなくもないでしょう。荼吉尼天の魔力云々のせいでも何でもなく皆、全て傲慢という身から出た錆のなせるところにすぎません。

即位灌頂と荼吉尼天

平清盛の活躍した平安末期、院政時代から長く江戸末期にかけて宮中の秘儀として行われたのが「即位灌頂」です。宮中での即位とはもちろん新たな天皇陛下が即位されることです。「灌頂」とは密教の儀式で、密教行者は加行《けぎょう》という一連の修練を終えると灌頂が許され、これが終わると阿闍梨という密教のマスターになるのですが、転じて我が国の秘儀伝授には多くこの言葉が借りて用いられるようになりました。悉曇《しったん》と呼ばれる梵字学にも悉曇灌頂がありましたし、神道のほうでも神道灌頂、さらには和歌の道にも和歌灌頂という秘儀が行われました。

灌頂は元来インドで「アビシェーカ」といい、国王の即位において四大海の水に模して頭に水を灌《そそ》ぐことです。ゆえに灌頂といいます。元来が国王の即位式ですから天皇の皇位継承に行われてもおかしいどころか、実に相応のことと言うべきですが、当時のその内容は全く密教儀礼によるものでした。

密教の本尊は大日如来という最高の仏ですが、その姿は普通の阿弥陀仏や釈迦牟尼仏のような如来様の姿ではなく、きらびやかな宝冠をかぶった王者の姿で表現された存在なのです。即ち転《てん》輪聖王《りんじょうおう》という最高の王の姿をかたどります。天皇をこの王者の姿をした仏になぞらえて成立したのが「即位灌頂」ということだと思います。

この即位灌頂にはなんと荼吉尼天が登場します。何故でしょう。

即位灌頂の即位とは日本国で最も高位にある方の即位です。そこにいくら神仏であっても、野干の精と言われた荼吉尼天が登場するのは奇異に思われる方もあるでしょうね。『太神宮諸雑事《だいじんぐうしょぞうじ》記《き》』という書物には橘 諸兄《たちばなのもろえ》が聖武天皇の勅願寺を立てるため、大神宮に赴いたところ、聖武天皇の前に玉女が現れ「日輪と大日如来、毘盧遮那仏は同体である」と説いたといい、これが日輪の神である天照大神と大日如来同体説のはじめといいます。一説にこの玉女というのを天照大神ととる向きもありますが、私はつまりこれは荼吉尼天の別名である「玉女」であると考えます。つまり聖武天皇の前に現れたというこの荼吉尼天の印真言を唱えることで、天照大神の末裔である天皇陛下と大日如来はつながることができるのでしょう。

玉女を荼吉尼天と考える理由は他にもあります。かなり後の鎌倉時代のお話ですが、浄土真宗を開かれた親鸞上人が六角堂《ろっかくどう》で如意輪観音の示現に逢い、「あなたは将来、女性と交わるだろうが、その女性は私の化身である玉女である」というお告げを受けられた話は有名です。真宗の学者さんたちは皆一応にこの玉女という言葉を玉のように美しい女性の意味くらいに取っているようですが、私は違うと思います。これは荼吉尼天のことだと思うのです。

六角堂の本尊である如意輪観音は、観音の中でも如意宝珠の三昧に入る観音で、荼吉尼天の三昧形も如意宝珠です。そして稲荷の本地とされたのも如意輪観音です。つまり親鸞上人にはこのころ荼吉尼天への信仰があったのでしょう。

親鸞上人は浄土宗開祖の法然上人のお弟子です。御師匠の法然上人は比叡山の黒谷《くろだに》にいた方です。比叡山の黒谷には天台では唯一、荼吉尼天の法が伝えられているとされたところです。そして法然上人の浄土宗で好んで使われる紋のひとつが「抱茗荷《だきみょうが》」の紋ですが、「抱茗荷」は本来天台念仏の秘事法門の神「摩多羅神《またらじん》」の紋所です。摩多羅神は大変怖い神とされていましたが、極めて呪力が強く念仏信仰守護の神ともされました。そして荼吉尼天の一種と言われていたのです。天台宗の常行堂《じょうぎょうどう》という念仏道場にはこの神が祀られていました。摩多羅神の歌というものがあります。「摩多羅神は神かとよ。歩みを運べ皆人の願いを見てぬことぞなき」というものです。この歌から察すればどうも摩多羅神は念仏信仰の神であると同時に庶民からも信仰される存在であったようです。「神かとよ」とは神であろうよというような意味でしょうから、普通の神とは少し違う存在だったようです。

当時の天台念仏の秘事ではわれわれは悪業の果ての身であり、その肝《きも》は業の象徴である。したがって野干の精である荼吉尼天に死後にその肝を食べてもらうことで、初めて悪業を消し去り成仏できると考えたのです。ちょっと猟奇的ですが、これは実に穿《うが》った考えです。我々は自然を支配し生き物の最上位にいながら、食物連鎖の輪には全く参加しません。普通はどんな強い動物でも死んで土となり植物をはぐくみ、それを食らう昆虫や小動物、またそれを食うもの、その上の存在という風に循環しているのです。つまり自分たちは色々な動植物から奪いたいだけ奪い、最後の最後まで何も返さず消えていくのです。そんな存在が悪業を消滅できるわけはない。せめて死後その肝を食べる存在がいてこそ、理屈にあうというものでしょう。その役目こそまさに死体を貪るジャッカルの精ならではの面目躍如《めんもくやくじょ》というべきでしょう。

天台秘事法門では念仏に縁の深い荼吉尼天の信仰がこのころの親鸞さんの潜在意識には残っていたとしても不思議はないでしょう。故に私には上人はそんな夢を見られたのだと思えるのです。

もちろん何も論証できるものではなく、私がそのように想像するだけのことですが。

さて即位灌頂と荼吉尼天に話を戻します。『中阿含経《ちゅうあごんきょう》』の中の『未曽有経』という経典の中に次のような話があるといいます。

インドの摩毘国という国に一匹の狐がいました。ある日、狐は獅子に追いかけられ井戸に飛び込んでしまいます。井戸からは出られないまま三日たちました。狐は思います。「これは偉いことになった。しかし、考えてみればこのまま私は虚しく死ぬのであろう。凡そ万物は無常である。もし、ただ死ぬだけなら獅子の餌食となりかの空腹を満たす方がまだしもであったかもしれない。どうか十方の仏も我が心にもはや私なきを知り給え」と。これを天界から眺めていた神々の王、帝釈天は一介の獣にすぎぬこの狐の言葉に大いに思うところあって八万の神々を率いて地上に降りて井戸の中の狐に言います。「狐よ。そなたはもう死を観念しているようだが、その言葉は常のものの言葉とも思われぬ。きっとそなたは大いなる菩薩の化身なのだろう。さあ、私たちのために法を説

帝釈天

いておくれ」と。狐は言います。「あなたは神々の王でありながら道理をわきまえていない。法はそのようにして自らは上座にあって説いて聞かせよなどと横柄に言うものではない。法の水とは等しく衆生を潤《うるお》すもの。なのにあなたは何故そこにあって、そのように尊大に構えているのか?」帝釈天はこの言葉に愕然としましたが、いならぶ諸天衆は皆たかが動物である狐がなんと生意気な口をきくものだと驚き笑いました。そして神々の王ともあろうものがこのようなところに降臨し狐などを相手にすることがそもそもつまらない無駄足ではないかと言いました。しかし帝釈天は狐に「汝の言うところはもっともである」とこれを制して宝の衣を井戸に降ろして狐を助け上げ、狐が元気を回復するようおいしい食事を提供してから、一同とともに丁重に狐の説法を聞いたといいます。

一切衆生の最も上にある神々の王である帝釈天が獣の狐を礼拝する。今これを即位灌頂に併せみるなら上御一人である陛下が狐の精を拝むのです。最上位は底辺こそをまず礼拝すべきである。それこそが真の帝の姿である。

日本古来の神道の考えでは百姓平民をして「大御宝《おおみたから》」といいます。同じくここに私は素晴らしい天地の交流を見るのです。また、陰陽道の根幹である『易経《えききょう》』でももっとも吉祥なのは天が下にあり地が上に上る「地天泰《ちてんたい》」の卦であるといいます。おそらく即位灌頂の背景には、この経典ならずとも、同じような意味が込められているのではないかと思っています。

ドクロ本尊

　平安時代末期から長く江戸時代に至るまで存続した密教の法流に立川流《たてかわりゅう》というものがありました。これは以前の研究と現代の二十一世紀の研究では大分とられ方が異なるのですが、鎌倉時代に性的な儀式をする「彼《か》の法《ほう》」と呼ばれる邪法を行う名称の知れない集団と混同されて以降、邪教のように取り扱われ、ついに江戸時代には幕命で多くの聖教を焼却されて滅亡したといいます。立川流はもともと「永久《えいきゅう》の変《へん》（一一一三）」で鳥羽《とば》天皇の暗殺を画策したとして伊豆に流された輔仁親王《すけひとしんのう》の側近の真言僧・仁寛《にんかん》（蓮念《れんねん》、？〜一一一四）と弟子の見蓮《けんれん》が起こしたという流派だとされているのですが、実際はそのような性的秘儀などに耽溺《たんでき》する流派ではなかったようです。

　このことは今世紀になって、ウィーン・アジア文化史研究所研究員のシュテファン・ケック博士らの研究があって明らかになってきたそうです。博士は「日本学」が専門で、岡山大学などで日本語で講演もされている方です。これは私の想像でしかないのですが、「彼の法」が立川流のものと誤解されたのは、仁寛が時の天皇を廃そうとした人で、いわゆる朝敵というダークなイメージも手伝っていたのかもしれません。

この立川流のものと混同されていた「彼の法」というのが十三世紀の立川流の僧侶・心定《しんじょう》の『受法用心集《じゅほうようじんしゅう》』に見るところでは、ドクロに漆を塗って金箔や銀箔を施して曼荼羅を描き、さらにそのうえに経血や精液を塗り付けたりしてその前で女性と繰り返し交合するという秘法を伝え、そうすることによって、そのドクロ本尊は未来に至ることまで一切を行者に語るというものだったようです。この秘法の本尊が荼吉尼天だと言われていました。

しかし、心定自身もこれを「邪行」と呼んで立川流の秘儀とは言ってはいません。にもかかわらずいまだに多くの人が、ドクロ本尊は中世の立川流で行われた荼吉尼天の妖術と思っているようです。おそらくは人の死を六か月前に知るという荼吉尼天の予知能力を期待した法のようですが、密教の宗教的目的とは何の関係もない妖術であることは明らかです。また、この「彼の法」は現実に行われたか否かは疑わしい部分もあり、憶測が生んだ空想の邪術だったという説も聞かれます。

鎌倉時代には荼吉尼天のお経と称する和製経典も多く作られました。明確な専門の儀軌がない荼吉尼天は、この時期に多くのイメージを盛り込んで新たな日本的な神としてのイメージが確立したのです。何度も言うようですが、だからダーキニーは別にして茶吉尼天はインドの神様ではない。ダーキニーはデーヴァ（天）ではない。インドでは鬼神の一種でしかない。権現《ごんげん》として日本で初めて神格を得たのです。

しかしながらその一方において、そのおどろおどろしたインド由来の悪魔的性格を最大限に表現したのが、この「彼の法」の集団でしょう。こうしたイメージがどこか茶吉尼天について回り、いまだに何か良くない存在のように思っている人がいるのもそのためかもしれません。

『渓嵐拾葉集』と茶吉尼天

天台密教のところに『渓嵐拾葉集《けいらんしゅうようしゅう》』というものがあります。鎌倉時代に光宗《こうしゅう》という天台僧が著わしたものです。一三一一年から一三四七年までの間の筆録とされています。その中に茶吉尼天に関して「茶吉尼天秘訣」という部分があります。色々と茶吉尼天について興味深いことが書かれていて、天台宗の教えに彩られてはいますが当時の茶吉尼天信仰を知るうえで非常に重要です。

まず茶吉尼天の「茶吉尼」は「法界《ほっかい》」つまり宇宙を体とするという意味であるといいます。インドの言葉としてはそのような意味は全くないのですが、いきなりそう書いてあります。こういう世界を「口伝法門《くでんほうもん》」といい、僧侶の宗教的直観による理解の世界です。このころの仏教、密教には特にそういうことが多く、中でも天台宗の中では定着した宗風でした。そしてその故にこの尊の本体は「駄都《だと》」だといいます。駄都とはお釈迦様のお骨、「舎利《しゃり》」のことです。舎利はお釈迦様の本質の喩《たとえ》です。

天台ではお釈迦様はインドで生まれた肉体のお釈迦様の奥に宇宙仏のお釈迦様「久遠実成《くおんじつじょう》の釈迦」が存在すると考えますので、駄都は舎利であり宇宙仏としての釈迦である。転じて如意宝珠であり、それこそが荼吉尼天の本体であるといいます。だから弘法大師は稲荷の峰（今の京都・伏見稲荷のある峰）に如意宝珠を納められたのだと真言宗祖の故事まで挙げています。

ここで言う釈迦如来は、密教でいう大日如来となんら変わりません。天台宗の考えでは『法華経』における宇宙仏を釈迦といい、密教におけるそれを大日というだけで同じものと考えます。この故に『法華経』と密教は同じ真理の教えとして「顕密一致《けんみついっち》」（『法華経』と密教は同等の教え）の前提に立ちます。

真言宗で言う顕教《けんぎょう》は密教ではない仏教の教え全てですが、天台宗で言う顕教は狭い意味では多く『法華経』を指します。真言宗の密教では釈迦は金剛界の不空成就仏《ふくうじょうじゅぶつ》、胎蔵界の天鼓雷音如来《てんくらいおんにょらい》に当たることから考え、大日とは同等の仏ではなく大日如来の一分身として考えられています。

文殊菩薩（一髻）

また、荼吉尼天の本地は文殊菩薩であることも語られます。ずっと以前の話ですが、近畿地方にある立派な文殊様のお像の中に狐の頭骨と毛皮が収められていたそうです。これなどは、明らかに荼吉尼天の本地として祀られてきた文殊菩薩様のお仏像に違いありません。

さらに『渓嵐拾葉集』は『法華経』と荼吉尼天の関係を述べていきます。『法華経』は『般若心経』のような一巻のお経ではなく、八巻二十八品という長いお経です。二十八品の「品」は、書物で言えば「章」に当たります。例えば、宗派を問わず比較的よく読まれる『観音経《かんのんぎょう》』はこの『法華経』の第二十五番目の「観世《かんぜ》音菩薩普門品《おんぼさつふもんぼん》」に当たります。

中国の天台大師以来の天台の考えでは『法華経』は、肉体の仏の教え「迹門《しゃくもん》」と久遠の釈迦の教え「本門《ほんもん》」に分けて考えられています。前半の迹門は生身《しょうじん》釈迦の教えで「諸法実相《しょほうじっそう》」という真理を説かれると言います。「存在全てが同じ価値がある。真理ならざるはない」という教えです。この教えに荼吉尼天があてはめられます。後半は久遠の宇宙仏としての釈迦の教えです。「仏寿無量」つまりお釈迦様の命は限りなく、衆生救済と仏知見を開かせる教化もまた永遠であるという教えです。

ここでは本門のうち「陀羅尼品《だらにほん》」という第二十六番目のお経に登場する十羅刹女のうちの「奪一切衆生精気《だついっさいしゅじょうしょうけ》」という女神が荼吉尼天に充てられ、この二人が実は同じ神であると語られます。「陀羅尼品」は顕教経典つまり密教経典ではないお経には珍しく、その名の通り陀羅尼（真言）が説かれています。『法華経』の守護神である神々や菩薩が『法華経』の行者の守護を誓う場面が描かれています。その中で鬼子母神《きしもじん》とその眷属・十羅刹女が登場し、その中の一人が「奪一切衆生精気」と呼ばれる女神です。荼吉尼がインドで人の肝を狙う存在だったのと同じ意味合いが、この名前には込められているので、おそらくはこの尊も荼吉尼の一種と捉えられたのでしょう。総じて荼吉尼天と『法華経』は一体だとしています。

このほかに三井寺においてはこの法と金剛童子法は一体であるとも語られています。またこんな話も出ています。三井寺の刑部《ぎょうぶ》僧正は『一字呪王経《いちじじゅおうきょう》』の行者でしたが、とても貧乏だったそうです。ある時大峰山から出て稲荷山で拝んでいるときに衣類は裂け、袴は切れて男根まで見える状況であったといいます。その折、崇徳天皇の乳母で二品の位にある女性が来合わせ、刑部僧正を呼びよせ、やがて護持僧として三百六十箇所の所領を賜り、彼は一階僧正の位にまで上ったとあります。これをもって『一字呪王経』をして三井寺第一の秘法と述べています。『一字呪王経』

はつぶさには『曼殊室利菩薩呪蔵中一字呪王経《まんじゅしりぼさつしゅぞうちゅういちじじゅおうきょう》』のことと思われます。

ほかにも真言密教・小野流の派祖・仁海《にんがい》僧正（九五一～一〇四六）の秘事として団子を温かなうちに黄な粉《きこ》をかけて供養する話や、そのほか、鶏頭や椿の花が好まれること、菓子として柏や栗の実などを供えるべきことなど天台山門派にとどまらず興味深い話が見受けられます。

天部信仰と出離の功徳

さらに『渓嵐拾葉集』において注目すべきは、特にこれらの話とは別にして、荼吉尼天などの天部に生死出離の利益、つまり仏教本来の目的である悟りによる解脱の徳はあるのかということが語られている点です。

これについて同書は、

世間では天部の法といえば世福を祈るものとばかり思うがこれは間違いである。
天部には三種の利益がある。
一に無上菩提、二に智恵、三番目に世福である。

ただ天部は世福を表にしながら裏には出離（悟り）の利益を持つものである。このことを天台流に申せば、天部は「一念三千《いちねんさんぜん》」、「一心三観《いっしんさんがん》」の法であり、特にこの荼吉尼天は一念三千をもってその体とする。

とあります。「一念三千」とは天台学の用語で我々の小さな一念も、宇宙の隅々にまで響き渡るという意味です。したがって天台密教ではこの故に、たとえ行者が凡夫であっても観念を凝らし、真剣に真言を持念すれば、その一念はどんな遠方のいかなる衆生にも達し効験《こうげん》を得ると考えます。

また「一心三観」はこの世の中を見るに真理の目、現象面を見る目、そのどちらにも偏らぬ目の三つを同時に持たねばならないという観法のテーゼです。大変難しいことですが、これが天台の止観《しかん》（座禅）では要求されます。伝説では伝教大師が後に入唐する慈覚《じかく》大師円仁の夢に現れ、「そなたが今回、唐の国で密教を学ぶにあたっては特に天部を学んでくることが大変重要だ」と言われたとされています。この故に天台では荼吉尼天に限らず、天部の修法は本来、已達の阿闍梨のすべきものと言われています。

例えば天台宗で私が授かった手順では聖天の修法をするには本地の十一面観音供《じゅういちめんかんのんく》を千遍、聖天華水供《しょうてんけすいく》を千遍してはじめて奥義の浴油秘法を授かれるという風でした。毎日一座拝んでも六年以上かかります。聖天に関するこういう加行（密教のトレーニング）は天台宗ならではのもので、真言宗ではそうまではやかましく言わないようです。私がさる真言宗の阿闍梨様に訊《き》いたところでは天部は仏菩薩のように悟った存在ではないので、念誦は必ずしも三昧を得なくても成就するという話がありました。つまりたとえ、散慢な心であっても天部は悉地《しつじ》を得られるという利点があると言います。

歓喜天の霊場で名高い生駒《いこま》聖天《しょうてん》・宝山寺《ほうさんじ》を開いた湛海《たんかい》律師（一六二九〜一七一六）は、希代の聖天行者でしたが、この方ははじめ不動尊をもっぱら信仰されていた。ところが聖天が現れて「私を拝むなら何でも望むものをやろう」と言うので、「では、出離を賜れ」と言われたそうです。すると天尊は「そればかりは私にもできないことだ」と言われたといいます。それで湛海さんは「それでは私が他に望むことは何もないのです」と言って聖天尊の頼みをはじめは退けられたといいます。まあ、それでも尽きせぬ縁なのか、聖天尊の重なる頼みに根負けして彼は聖天行者として名高い人になっていくのですが、それでも最終的には聖天の供養は弟子に任せて離れたと伝えられています。

律師は世俗の願望に興味はなく、どこまでも菩提心堅固な求道の人であったのでしょう。経典や儀軌を見たところ明確に出離の利益があるとうたっているのは弁才天と毘沙門天くらいでしょうか。

果たして天部に我々を悟りへ導く功徳はあるのか？　こうした違いは一体どう考えればいいのでしょう。

私は天台、真言の違いというより、むしろ拝む行者が天尊をどう見るかの意識の違いだと思います。天部には悟りはなく天界の一衆生であることを強く意識すれば仏菩薩とは区別されるでしょうから、出離はないものと思いますし、これは仏菩薩の化身と思えばそこに仏菩薩の働きが現れるのではないでしょうか。こういう考えを密教では「権実二類《ごんじつにるい》の天《てん》」といいます。実類はインドの神霊としての天尊、権類とは仏菩薩の化現と慕われた天尊です。これを考えると『渓嵐拾葉集』における天部の考え方は多く後者によるものであることは明らかでしょう。荼吉尼天は文殊菩薩であり、『法華経』の三昧であることが力説されています。

しかしながら出離だけを求めるなら要は仏菩薩の信仰で十分なわけで、世俗の願望を求めるにも、そこに必ず菩提への誘いが秘められているのが、『渓嵐拾葉集』の言う天部の信仰なのだと思うのです。

なお『法華経』と荼吉尼天との関係について言えば、岡山県の「最上稲荷《さいじょういなり》」が思われます。最上稲荷は「最上位経王大菩薩」と言われる『法華経』八巻の化身という尊を祀りますが、そのお姿は拝見するに稲荷神としての荼吉尼天そのものです。

戦国時代と飯縄の法

同じ鎌倉時代に今の北信濃に伊藤忠綱《いとうただつな》という人がいたそうです。長野市の西にある萩野城《はぎのじょう》というところにいた豪族らしいですが、ここは言ってみれば一種の要害《ようがい》で、城郭のあるようないわゆるお城ではありません。つまり、当時は城といっても実際は砦のようなもののようです。伊藤忠綱は鎌倉時代前期で二代目執権・北条泰時《ほうじょうやすとき》の治世・天福元年（一二三三）に北長野の飯縄山《いいづなやま》にこもり千日の行をして飯縄《いづな》明神を感得したといいます。これにより忠綱は「飯縄の法」の始祖であるとされます。今でも飯縄山麓には千日太夫屋敷跡《せんにちだゆうやしきあと》とされる場所がありますが、これは飯縄の法を行うための屋敷があったのだといいます。この故に飯縄の法の成就者を一名千日太夫といいました。太夫とは神官、陰陽師などの人には言いますが、僧侶には言いません。つまり飯縄法は在俗の呪法として始まったわけです。この飯縄明神は「飯縄権現」とも言いますが、これが実は荼吉尼天とも言われています。

飯縄の法は一種の魔法とされ、明治の文豪、幸田露伴《こうだろはん》（一八六七〜一九四七）の著作『魔法修行者』

にこの法の修行者として歴史的な人物数名の名が挙げられ、そのひとりに管領家《かんれいけ》の細川政元《ほそかわまさもと》（一四六六～一五〇七）が挙げられています。管領は室町幕府の将軍に次ぐ要職で『足利季世記《あしかがきせいき》』では彼について「京管領細川右京大夫政元ハ　四十歳ノ比マデ女人禁制ニテ　魔法　飯綱ノ法　アタコ（愛宕）ノ法ヲ行ヒ　サナカラ出家ノ如ク山伏ノ如シ　或時ハ経ヲヨミ陀羅尼ヲヘンシケレハ　見ル人身ノ毛モヨタチケル」とあるといいます。一代の梟雄《きょうゆう》とも言うべき人で、権謀術数《けんぼうじゅっすう》にたけて主君の足利将軍をさえ挿《す》げ替えました。生涯、女性を遠ざけ独身でしたが、これは彼が修験道に打ち込み「飯縄の法」を行ったためといいます。ゆえに子供はなく三人の養子をとったそうです。謀略たくましく天下を牛耳《ぎゅうじ》った人物と言われますが、養子同士の家督《かとく》争いに巻き込まれ、暗殺されたといいます。ここにも清盛同様、荼吉尼天の法には強烈な魔力があるが、一代の栄華に限るようなイメージが付されています。

幸田露伴は飯縄の法の成就者として細川政元のほかにも関白であった九条稙通《くじょうたねみち》（一五〇七～一五九四）を挙げています。幸田露伴も語っていますが、この人物は細川政元より五十年ほど時代が後の人ですが、政元などには比較できない立派な人物であったようです。九条稙通は九条家十六代目の当主でありましたが、若年中は貧しくありながら、ついに従一位・関白・内大臣にまでなった人です。しかし彼はこうした経歴ののち、ほどなく出家しました。細川政元のような政治にあけくれる野望たくましい人ではなく、『源氏物語』や『古今和歌集』に通じ、特に『源氏物語』は講義までしている教養の極めて深い一流の学問人でした。さらに当時、将軍家さえおそれて媚《こび》を売る織田信長の上洛に対面しても臆せず「上総介殿か。上洛大義」と立ったままに言い放ったと言い、時の帝・正親町天皇までもが信長の要求で、正倉院御物の名香「蘭奢待」を切り分けることになったと稙通に嘆かれていたと言いますが、このことを踏まえてか、「武家何するものぞ」というこの人の摂関家としての気概が窺えます。案の定、このことに信長は痛く不快を覚えたといいます。しかし稙通はそこは百も承知で、たとえ殺されても、こうした気概を示そうとしたようです。

また、彼は同じ時代の武将である細川幽斎《ほそかわゆうさい》や前田慶次《まえだけいじ》とも親しく交わったと言われています。細川幽斎も前田慶次もなかなか戦国の粋人《すいじん》だった人たちです。武人としても教養人としても一流の人たちでした。稙通は粋人同士、気心が通ったのでしょう。この人は八十八歳まで生きて、当時としては非常に長命でしたがやはり継子はなく、養子相続でした。九条稙通の妻女の名は知られていないようですが、実子には姫君があったとだけ聞きます。飯縄法に経典上の典拠はないので、妻帯してはいけないというのは、おそらくは修験道の俗説として広まったものでしょう。

しかしながら、同じ戦国を生きた人で越後《えちご》の守護大名である上杉謙信《うえすぎけんしん》（一五三〇～一五七八）は、熱烈な飯縄信仰の人でした。毘沙門天の信者として知られる謙信ですが、飯縄権現にも深く信仰を寄せていて愛用した飯縄権現の兜《かぶと》の前立《まえだて》が知られています。この人も養子相続でした。彼は妻がありませんでしたが、それも飯縄の法の影響や密教に対する信仰の故と言われています。

謙信はかなり密教を理解していたようです。出先で家来にしてほしいという人が現れた折、家臣が「御館様《おやかたさま》、家来にするのはこの者を城に連れ帰って、毘沙門天の前で誓いを立てさせないとなりません」と言うと、「いや、ここで良い。自分が毘沙門天だから汝は自分に対してここで誓いを立てれば良い」と言ったそうです。

かなり傲慢でクレージーに聞こえるかもしれませんが、彼は毘沙門天を五十遍礼拝すれば毘沙門天も自分に五十遍礼を返す。百遍礼拝すれば向こうも自分に百遍礼を返すのだと語っています。これは密教の修法による「本尊と一体になる」という観念を凝らした結果、「感応道交《かんのうどうこう》」が普段に彼にあったからといえましょう。「感応道交」とは本尊と心が交わって一体化することです。この境涯を密教では「加持身成仏《かじしんじょうぶつ》」といいます。程度の差はあれ、密教の御祈祷による霊験などはこの結果生まれるもので、自己の超能力が目覚めるなどという仕組みによるものではありません。

上杉謙信といえばこのように毘沙門天信仰で有名ですが、彼はその裏で飯縄権現をも非常に信仰していました。こうした信仰は家に定着したものと見え、米沢《よねざわ》の上杉神社境内にも飯縄社がありますが、このことについては面白い逸話があります。

江戸時代になってからの話ですが、将軍家から米沢の上杉家にツルが送られてきたといいます。このツルが食べものなのか、はたまた観賞用のツルかは分かりません。当時は冷凍便なんかないからどちらにしても、生きたまま届いたのでしょうね。それでさっそく上杉家でお礼の手紙を起草して送るところ、なんと誤って草案のほうを文箱に入れて飛脚に持たせてしまったそうです。もし江戸に届けば、徳川将軍家に対しては大変な失礼になるというので大騒ぎになったそうです。そこで家中のうち、心得あるものが飯縄の法を使って狐を走らせ、文箱を無事取り返したというのです。しかし、あまりにその使命が過酷だったので使命を果たしたのち、狐は帰国したものの疲労困憊《ひろうこんぱい》でそのまま死んでしまった。その狐を哀れんで建てられたものが米沢の上杉神社境内にある飯縄社だそうです。どうやらこれを見ても上杉家と飯縄の法の縁は代々深いものがあるようです。

上杉謙信に限らず飯縄信仰自体は当時の武将の間で流行っていた一種の流行と言ってよく、ライバルの武田信玄や北条家においても飯縄権現を深く信仰した色が濃厚です。当時は甲府の躑躅崎城《つつじがさきじょう》にも、小田原城の出城にも飯縄権現を祀ったお堂がありました。確認されていないようですが、例えば武田信玄は所蔵の「飯縄二十法」の次第を高野山に奉納したと聞きます。しかしながら、謙信のように女色を一切絶ってまで行者のように飯縄権現に接した人はむしろ少なかったと言ってよく、多くはお抱えの修験者や密教僧に祈りを込めさせるという風だったことでしょう。

飯縄権現のお姿は基本的に金翅鳥《こんじちょう》とも呼ばれる迦楼羅像が不動尊の剣と縄を持ち、火炎を背負って白狐の上に立つ姿で腕と足首、頭上には白蛇を頂きます。およそ女神が狐に乗る姿とは異なり、このような姿の神がどうして荼吉尼天とされたのかは謎です。しかしながら和製の荼吉尼天のお経の一つとされる『刀自女経《とうじじょきょう》』には「金翅鳥のごとく一時に千里を天かける云々」というのでそこから金翅鳥スタイルの荼吉尼天が生まれたのかもしれません。今でも荼吉尼天として祀られている祠《ほこら》には飯縄権現スタイルの尊像も少なくないと思います。関東で有名な高尾山薬王院は飯縄権現を祀る寺院として大変有名ですが、薬王院のお経本を拝見しますと飯縄権現のご真言として「オン　キリカク　ソワカ」とあります。これは紛《まぎ》れもなく荼吉尼天の御真言です。また白狐や白蛇（宇賀神）を頂く点でも荼吉尼天との共通点が見られます（飯縄山に伝わる真言としては「オン　チラチラヤ　ソワカ」という独自の真言があります）。飯縄法発祥の地・飯縄山頂上は飯縄の神を祀る「皇足穂《すめたるほ》神社」（旧名・飯縄神社）の奥宮がありますが、木製の神像がみられ、その姿は前述のとおりです。皇足穂神社の里宮は長野市の芋井《いもい》にあり、全国の飯縄神社の総社に当たります。こちらは寺院ではなく全くの神社ですが、「皇足穂命」はつまるところ豊かなる稲穂を統べる神の意味でお稲荷様の意味です。

さて「飯縄の法」の実態は私の知る限りでも様々なスタイルが存在します。「飯縄鎚金《ついきん》の法」「飯縄六印法」「飯縄湧出《ゆうしゅつ》の大事」「飯縄七段法」など実に色々あり、これこそが唯一の正しいというものなどはないようですが、その期待されたところは、単に祈願成就のみならず霊狐がその人に情報をもたらし、一種の霊通が得られる秘法とされていたようです。戦国時代の合戦も、そして現代の経済戦争もそうであるように、あらゆる戦いに情報はつきものですから、そうした法の存在が期待されたのももっともかもしれません。しかしこの飯縄権現独特のように思われるご利益は、実は六ヶ月前に人の死を知るという茶吉尼天の未来予知の性格を反映しているものであることは、うたがいありません。

盤法と毘沙門天の話

やはり鎌倉時代から室町時代にかけて隆盛であった秘法に「盤法《ばんほう》」というものがあります。この盤法というのは、もともとは陰陽道で使う「式占《しきせん》」という占いで使う道具「式盤《しきばん》」から起きたものです。今日でその流れに当たる「六壬占法《りくじんせんほう》」というものが伝えられています。

茶吉尼天には方位神としての性格がありましたが、それは同時に時を支配する神としての性格でもあります。つまり茶吉尼天はかなり占い的な神様でもあるのです。そもそも六ヵ月前に人の死を知る力を仏陀から与えられたという茶吉尼天には当然のことながら未来予知の神としての信仰が付せられました。式盤とはもともとはそうした未来予知の占具です。

式盤は天地二盤からなり、あるいは天地人の三盤からなり、陰陽道の「天円地方の理《てんえんちほうのり》」によって、天盤は丸く、地盤は四角く作ります。この考えは古代の中国から輸入されたものです。仁徳《にんとく》天皇の御陵《ごりょう》のような「前方後円墳《ぜんぽうこうえんふん》」もこの理屈で作られています。丸と四角の組み合わせです。御陵の場合は前方で前が地、後円で後が天なのは何か逆のようですが、これは天地の気が互いに交流することを表した吉祥の形なのです。ただし、式盤の場合は丸い天盤が上に来ます。その周囲には二十四山《にじゅうしざん》の方位や二十八宿《にじゅうはっしゅく》といった星座の名前が書き込まれています。

実は式盤は占具ではあるのですが、実際に「六壬占法」を行う上で必要不可欠というほどのものではないようです。私の弟子にこの占いが好きで多年研究しているものがいますが、そう聞きました。こうしたことから式盤は徐々に占具としての色彩から祭具としての色彩が濃くなっていったのだと思われます。つまり占いの道具から占いの象徴に変化し、占いの神である荼吉尼天と一体化したのでしょう。

式占では十二天将《じゅうにてんしょう》という十二人の神様が出てきます。もともと占いの結果を十二人の人格によって表現したものです。これが宗教的な存在と解《げ》されていったのだと思います。やがてこの考えは荼吉尼天と結びつくようになります。先にも言いましたが、人の死を六か月前に知る荼吉尼天は、占いの神としてふさわしい存在だったからでしょう。

現代の台湾ではこの占法をする人は「九天玄女《きゅうてんげんにょ》」という女神を祀るそうです。「九天玄女」は道教の神様です。最上位の女神である西王母に次ぐ偉大な女神とされています。鳳凰《ほうおう》か龍に乗り、葫蘆《ひょうたん》と剣を持つ姿が一般的です。『封神演義《ほうしんえんぎ》』という中国の伝奇小説《でんきしょうせつ》では、殷《いん》の紂王《ちゅうおう》が九天玄女の美貌を知り側女にしようと考えたことを大いに瞋《いか》り、妲己《だっき》という九尾狐狸の精を遣わして、紂王をたぶらかし殷を滅ぼそうとします。

狐狸を眷属とする女神といえば日本では荼吉尼天でしょう。この辺は何か関係があるのかもしれません。妲己という名前から荼吉尼天を連想する人もいますが、そこは場所も時代も違いすぎます。ただ、日本では『玉藻前草子《たまものまえそうし》』『三国妖狐伝《さんごくようこでん》』などで、大まかな話では、金毛九尾の妖怪狐がインドでは摩竭陀国《まがだこく》の斑足太子《はんぞくたいし》の妃・華陽《かよう》夫人、中国では殷の妲己と現れて為政者をたぶらかし暴虐を尽くさせたが、インドでは賢臣・耆婆《ぎば》にみやぶられ薬王樹の杖で打たれ、中国では太公望の照魔鏡に退けられて、ついに日本に免れ、玉藻の前という美女になって宮中に入り込み鳥《と》羽上皇《ばじょうこう》の寵愛を盾に国を滅ぼそうとしたという小説になっています。この時、玉藻の前の正体を見破ったのが陰陽師の安倍泰成《あべのやすなり》（一一一〇〜一一八三）であるとされ、この人は有名な安倍晴明より五代目の子孫にあたります。伝説では安倍晴明も母親は人ではなく、信田《しのだ》の森の葛の葉という白狐だと言いますから当然、泰成にも狐の血が流れている設定で、同じ属性同士の善悪の戦いです。

安倍晴明伝説では冤罪で罷免《ひめん》された晴明の父・安倍保名がこの地で家名挽回を信田森神社に祈願した帰り、猟師に追われた白狐をかくまいました。その白狐の化身である女性・葛の葉と結ばれ、晴明を授かったといいます。母である葛の葉は我が子に正体を悟られ去りますが、晴明は陰陽道の術をもって帝の病気を治し、安倍保名の無実の罪を晴らして、見事安倍家の再興を果たしました。この故事により、信太森神社は後に名を改め葛葉稲荷神社として知られることになります。なお、安倍晴明が修行したという奈良県安倍の文殊院は安倍晴明ゆかりの寺です。荼吉尼天の本地が文殊であることを思うと、やはり安倍晴明には荼吉尼天の匂いが濃厚です。

なお、安倍晴明がライバルである芦屋道満《あしやどうまん》と奪い合った『三国相伝陰陽輨轄簠簋内伝金烏玉兎集』という陰陽道の秘伝書は実は茶吉尼天の秘法であったという小説もあります。小説ではありますがつまるところ、安倍泰成と玉藻前の戦いは狐の霊力同士の戦いと言っていいと思います。実際の『三国相伝陰陽輨轄簠簋内伝金烏玉兎集』は時代的に当時より下ったものと思われ、内容的には暦や占いの書物です。

さて紂王をたぶらかしたという妲己は実在した人のようで、古代中国前漢時代のことを記したという歴史書『漢書《かんじょ》』にもその名があり、「弁辞をよく好み、姦を究めること盛んにした。その言を帝が用いて民を苦しめた」とあるそうです。この後の歴史書が『後漢書《ごかんじょ》』で「東夷伝《とういでん》」に「倭」の国名で我が国が出てくるくらいの昔ですから、唐代に密教とともにやってきた茶吉尼のことなど当時は知るよしもありません。

さて、式盤から生まれた盤法では二十八宿や三十六禽《さんじゅうろっきん》という星の神を表す動物が描かれた地盤と、茶吉尼天の眷属達が図で描かれた天盤にわかれた式盤が置かれました。もはや平たい占いに使う盤ではなく、コーン状の円錐《えんすい》形の盤になっていたようです。そこに色鮮やかに星に属する動物や眷属達（二十八宿や三十六禽にはそれぞれ対応する動物が充てられています）が書かれたものが盤法で使われたようです。

こうした盤法は茶吉尼天が主でしたが、聖天や毘沙門天にも見られます。こうした盤法の多くは江戸時代には衰退したようですが、とりわけ最後まで残ったのは「刀八毘沙門天《とうはち（はつ）》」の盤法です。刀八毘沙門天というのはその名の通り八本の刀を持った毘沙門天です。

その昔、トルファンの国において、北方民族が襲来し、不空三蔵がそれを撃退するために、祈りだしたという兜跋《とばつ》毘沙門天の兜跋が刀八になった訛伝《かでん》といいますが、そうではないと思います。おそらく毘沙門天の御子神「最勝太子」あたりをモデルに日本でできたものでしょう。あるいは四面あり、毘沙門天を中心に、持国天、増長天、広目天の四天王の合体像ともみられるお姿です。実際には腕が十二本あり獅子に乗り、足は八本あるという姿もあります。八本の御手のほかは刀でなく如意宝珠や槍や宝塔、宝棒など毘沙門天本来の持ちものを持ちます。刀八毘沙門天の盤法は絵ではなく文字が書かれた平たい円形の天地盤からなり、そこに荼吉尼天の眷属八大童子の名を書いた算木《さんぎ》というものを八本用意し、盤上で置いたり、合わせたり、取り去ったりして祈願しました。

何故、毘沙門天の祈願法に荼吉尼天の眷属が出てくるのでしょう。

実はこの刀八毘沙門天は荼吉尼天の化身として信仰された経緯があります。「稲荷大明神曼荼羅」などといいながら荼吉尼天の姿はなく、刀八毘沙門天を中心に荼吉尼天の眷属がとりまく図もあります。

毘沙門荼吉尼天

こうした姿のほか、毘沙門天が狐に乗った姿もあり、このスタイルの荼吉尼天は「毘沙門荼吉尼天」として知られています。和製経典である『荼吉尼変現諸体経』はその毘沙門荼吉尼天の典拠の一つと見られます。これは現龍谷大学の阿部泰郎教授がはじめて紹介されたものです。この経では犬に追われた狐が釈尊に救いを求めます。釈尊は、「お前は神通力があるのになぜその犬のためにとられようとしているのか、そもそもそれはお前が殺生を好む故だ」と狐の殺生をいさめますが、狐は「自分の神通力は生き物の命を食べるからこそこの身にあるのだ」と抗弁《こうべん》します。

そこで釈尊は宿命通の力で狐の前世は陶物師であり、食べ物を乞う貧しい工人に冷たい仕打ちをした報いで、今生では工人の生まれ変わった犬に苦しめられる羽目になるのだという因縁談を聞かせます。しかし、その一方でお前は動物でも大いなる神通力があるのは前世で私の師匠であったから、とその本地を大日如来、文殊菩薩であると明かします。このあたりが歌舞伎の脚本によく見る荒唐無稽のドンデン返しのようで実に面白いのです。この話を聞かされた狐はたちまち四臂にして頭上の兜に狐の首を頂く毘沙門荼吉尼に変じ、無福貧窮の衆生を救う相を表します。また独特のご真言が明かされます。「オン　バサラバジラ　ゲルベイ　ベイシラマナヤ　ダキニダキニ　ソワカ」というものです。この経の終わりには果たして盤法が説かれ、具体的に天盤には毘沙門荼吉尼天、地盤には三女子、帝釈使者、八大童子、十二神、二十八宿、三十六禽などが描かれるといいます。行者はこの式盤を百二十回打つならば三日のうちに霊験を現すといってこのお経は終わります。

さらに具体的に盤法の一つである「頓成悉地盤法《とんじょうしつじばんぽう》」の次第書を見てみましょう。式盤が登場するくだりでは行者は阿弥陀の定印を結び、心の中の蓮台に「ロ」という梵字を思い、その光で一切が浄められ、自身は如意宝珠となり、三重の式盤に変じます。また本尊は我が身に入り、我もまた本尊の中に入ると観想します。そしてその我即本尊である荼吉尼天が盤の中央にましますという複雑な観想を凝らします。ただしこの次第では見る限り、経に説くように式盤を百二十遍打つということはしないようです。

天阿上人と『稲荷心経』

稲荷といえばその総本宮は京都の伏見稲荷です。南北朝時代に成立した『神道集』は神仏習合

の立場から日本の主な神祇の由来などを語ったものですが、同書によれば、

> そもそも稲荷明神とは、上御前は千手、中御前は地蔵、下御前は如意輪《にょいりん》観音なり。ある人の日記には、下御前は如意輪、中御前は千手、上御前は命婦にして辰狐《しんこ》なり。本地は文殊なり。
>
> そもそもこの辰狐を命婦殿と名づくること、みむるに多くの義有り。先《ま》づその本地垂迹《ほんじすいじゃく》をみるに云ふ。そもそも辰狐菩薩は、本地は大日如来、三世覚母《さんぜかくも》の大聖文殊、一切衆生の菩提心行願普賢薩埵、仏法護持の多門天王、心王の意識如意輪観音なり。窺《うかがう》に以《おもんみ》れば、偏《ひとえ》に閻浮提《えんぶだい》の衆生を利益せんとして、仮に辰狐王菩薩の化用《けゆう》を現す。誠に利生無窮の薩埵、広福円満の天等なり。

といって稲荷明神とは衆生救済のために文殊菩薩や如意輪観音が現した化身であり、つまりそれがとりもなおさず辰狐王菩薩《しんこおうぼさつ》（荼吉尼天）であるとしています。この考えは以後、明治時代になり神仏分離が行われ、荼吉尼天が稲荷社から一様に取り払われるに至るまで、稲荷という神の認識として朝野に定着していきました。総本宮が荼吉尼天だというのですから、日本中の分社・末

社の稲荷は、悉《ことごと》く荼吉尼天であると言われても当然のことでした。ですから古くはほとんどの稲荷社に荼吉尼天がお祀りされていた時期があったのです。

この信仰をさらに大きく発展させたのが天阿《てんあ》上人（一五九八～一六七四）です。天阿上人は室町時代末期から江戸時代にかけて活躍した人で伏見稲荷の神宮寺《じんぐうじ》である別当・愛染寺《あいぜんじ》第三世の住職でした。日雄《にちゆう》という名前でも知られますが、日蓮宗の人ではなく真言僧です。稲荷信仰を宣揚しよく勧進《かんじん》や堂塔《どうとう》伽藍《がらん》を勧め、伏見稲荷と荼吉尼天の関係をより深く推し進めた存在であったようです。彼は日月星を聖天、荼吉尼天、弁才天に充ててさらに稲荷社の上神社、中社、下社や三峰に充てて稲荷大明神を三天合行尊・辰狐王菩薩として定着せしめた独自の教学を展開しました。

もっともこうした流れは中世からすでにあって、伊勢における習合思想では内宮を太陽とし、外宮を月、朝熊山を明星に充てる信仰があります。ここも思想的には同じものが流れていると言えましょう。

中でも天阿上人は聖天供をよく拝んだ人です。歓喜天供をすること二百六十五度といいます。これを二百六十五座と考えると聖天行者としては全く大した数ではないと思うのですが、おそらくこれは七日で二十一座の一連の修法を二百六十五度でしょう。だとするなら通算で五千五百六十五座修されたことになります。これは大変な数です。

そんなことで稲荷行者である天阿上人は実際には歓喜天供を最もよく修した方だったということです。天阿上人の考えでは聖天、弁才天、荼吉尼天の合体が稲荷ですので、稲荷と考えれば必ずしも荼吉尼天でなくてもいいのでしょう。この稲荷の姿は古い考えでは実は玉女と言われた尊格の姿です。上人が祈願するとその庭は多くの狐が続々と集まってきて、鳴いたといいます。伏見稲荷は全国の稲荷神社の総本社的存在ですから、こうした在り方は同時に全国の稲荷社にも大きな影響を与えました。

天阿上人の手になるものに「稲荷一流の大事」というものがあります。ここではもっぱら荼吉尼天の修法になっています。ここに出てくる作法の一部は、のちにほかの荼吉尼天の供養法にも取り入れられ、組み込まれた類似のものも見ます。それだけ広く行われた時代もあったようで、愛染寺では積極的に秘法を伝授していたようです。

ほかにも上人の手になる「野狐加持法《やこかじほう》」なども知られています。これは文字通り、人に取り憑いた狐を引き離す法です。これも愛染寺で伝法を受けないと無効であると書いてあります。つまり愛染寺にしかない法であるとうたっているのです。これにより、祈祷などをする多くの宗教的職能者が、人に取り憑く狐を退散させる法を求めて、愛染寺の門をくぐったと思われます。

同じく天阿上人の手になるものだろうと言われているものに『稲荷心経《いなりしんぎょう》』があります。前文にこれは文覚《ぶんかく》上人が源頼朝に伝え、それを受持して唱えた源頼朝はその功徳で、平家を退けて天下を治めることができたのだという説明があるのですが、もしお経が上人の作なら、それも上人の作ったキャッチフレーズだったかも知れませんね。天阿上人はかなり布教というか営業的センスに満ちた方だったのかもしれません。

左はその前文です。

本体真如住空理
寂静安楽無為者（寂静安楽無畏者と書くものもある）
鏡智慈悲利生故
運動去来名荒神
今此三界皆是我有
其中衆生悉是吾子
是法住法位
世間相常住
貪瞋癡之三毒煩悩皆得解脱

即得解脱
掲諦掲諦　波羅掲諦　波羅僧掲帝菩提薩婆訶
多呪即説呪曰
オン　キリカク　ソワカ

これは内容的には『瑜祇切文《ゆぎきりもん》』や『法華経』、『般若心経』など色々なお経を張り合わせて作ったものでオリジナリティは薄いものですが、短いので唱えやすく、民衆布教の一助として大いに役立ったのかもしれません。しかして内容的にもあながち荒唐無稽《こうとうむけい》なものではないと思います。

今これを私流に勝手にその意味をとって解釈するなら、

全ての背後にある真如は空の理の内にある。

それは常に寂静であって生滅変化なきものである。

仏はすべてをありのままに見て是とする智恵から慈悲を生じる。

そこにさまざまな仏の働きが展開する。世にいう荒神とは実はこれのことである（これは普通には三宝荒神であるがここに言う荒神は荼吉尼天のこと　荼吉尼天は荒神ともされた）。

もとよりこの世の存在はすべて大いなる仏そのものであり、
そこに生きる衆生は仏の子供である。

こうした法は法の位にあるといえども、実はいたって当たり前の世間の中にあって常住している。

故にもし衆生あって貪瞋癡の三毒を解脱せんとするならば、即ち解脱を得るであろう。

ぎゃてい　ぎゃてい　はら　ぎゃてい　はら　そうぎゃてい　ぼうじそわか
真言は多しといえども即ちこの真言を説きおかん。
オン　キリカク　ソワカ　（これは胎蔵曼荼羅法の荼吉尼天真言）

伏見稲荷の別当・愛染寺は稲荷社とともに明治まで歩みますが、やはり神仏分離令で多くの稲荷社の別当寺同様に断絶して歴史から消えていきます。

江戸の町と稲荷信仰

徳川幕府の政権が安定した江戸時代になると、文化の中心は江戸を中心に東国に移っていきます。当時の江戸の町には稲荷が多く、江戸に多いものとして「火事、喧嘩、伊勢屋、稲荷に犬のクソ」といわれました。これらの多くは商家の守り神として祀られたもの、参勤交代の大名の江戸屋敷の鎮守《ちんじゅ》などさまざまでしたが、その中には多く荼吉尼天を本体にした稲荷社もあったことでしょう。今でも東京銀座には町のあちこちに小さなお稲荷様が祀られ、江戸の名残を残しています。

例えば銀座一丁目には幸稲荷《さいわいいなり》、二丁目には銀座稲荷、三丁目には朝日稲荷、宝珠稲荷、四丁目には歌舞伎稲荷、五丁目にはあづま稲荷、六丁目には靍護《かくご》稲荷、七丁目には豊岩《とよいわ》稲荷など、と今も江戸時代から続くものや戦後勧請されたお稲荷さんもあり、銀座は今もお稲荷さんだらけです。火災防止や町や商業の安全を祈って新たに勧請されたお稲荷さんもあって、今も江戸の稲荷信仰は以前にも増して活発です。

享保《きょうほう》年間、江戸の豪商として知られる三井家の前身「越後屋《えちごや》」は向島の三囲《みめぐり》神社を守護神と定めたといいます。今の三越百貨店の母体ですね。実はこれが江戸の商家に稲荷信仰が盛んになる濫觴《らんしょう》と言われています。三囲神社はその名を古くは田中稲荷といったそうです。その昔、三井寺の僧・源慶《げんけい》というものが来て社が傷んでいるのを悲しみ、修理をしようとしたところ土中から神像が出て、その周囲を狐が三回回って死んだという故事から三囲神社と名付けられたといいます。

老翁形の稲荷明神

この神像はいわゆる老翁《ろうおう》が稲穂を持つ姿で荼吉尼天ではなかったようですが、その由来は『三《み》囲《めぐり》稲荷《いなり》大明神《だいみょうじん》略縁起《りゃくえんぎ》』によるところでは、三囲神社はそもそも弘法大師が勧請したという伝説があり、それを文和年中に近江国・三井寺の僧である源慶というものが再興したと伝えています。源慶は日頃から伝教大師のご親刻という延命地蔵尊を深く尊崇していました。ある時、夢で「東国に汝を待っている人がいる」とのお告げがあり、それを信じた彼ははるばると東国の牛島の地にやって来ました。そこで源慶は荒れ果てた社を見つけます。それが田中稲荷の時代をへた姿でした。そしてその社の傍らに梅の老木があったといいます。そこに来合わせた老人がその由来を申すには、その昔、弘法大師が東寺において稲荷大明神と出会った際、その尊形を大師おん自ら彫刻されたといいます。そしてその開眼供養《かいげんくよう》の折に、洒水器《しゃすいき》の中に忽然と梅一粒が現れたそうです。大師が「梅に祥瑞《しょうずい》あらば有縁の地に生えて我を待つべし」と言って梅の実を虚空に投げると、それは東の空に飛び去っていったそうです。この梅が牛島の地に落ち、一夜のうちに生えたのがこの老木なのです。それ以来、この地を「梅香原《うめがはら》」と言うようになりました。やがて弘法大師がこの地を訪ねて社を築き、稲荷明神を奉安しました。しかし悲しいことに時が移り変わり、やがてはこの社を顧みる人もなくなり、堂宇《どうう》は荒れ果ててしまったのです。

という話でした。老人の話を聴き終えた源慶は感慨深く、かの老木にむかって、「春はなを　色まさりなん　梅香原　宮戸にひらく　花の玉垣」という一首を詠じて、その場にて一夜を過ごしたといいます。するとその夜にわかに社が鳴動《めいどう》し、夜が明けてから社のあたりを拝したところ、一枚の短冊を見つけました。短冊には「帰命田中大明神　本体地蔵観世音　垂迹天女辰狐王　和光利物同一如」と記されてあったといいます。つまるところここにいう「垂迹天女辰狐王」とは「辰狐王菩薩」と呼ばれた荼吉尼天のことです。源慶は自らの信仰を寄せる地蔵尊の化身として、茶吉尼天を感得したということでしょう。

元禄六年（一六九三）、宝井其角《たからいきかく》が来て村人の請いを受け、雨乞いのために「遊《ゆ》ふた地や　田を見めぐりの　神ならは」と一句を献じたところ次の日に果たして雨が降り、その霊験を知った三井家が信仰をはじめたといいます。いまでもその信仰は伝えられ三越デパートの屋上にはその社が見られます。おもしろいのは源慶も其角も歌により神に呼びかけ、神も短冊に書いて答えるなど、まさに韻文詩は神とやり取りするツールだった時代背景がみてとれます。

さて三囲神社以上に当時は江戸の稲荷といえば関八州《かんはっしゅう》の稲荷の総社と言われた「王子稲荷《おうじ》」が有名でした。例によって江戸時代以前の神社には、それを管理する別当寺が付随していて、王子稲荷の場合は金輪寺《きんりんじ》という真言宗のお寺がそれでしたが、一八六〇年明治になっての神仏分離令をまたずに火災で焼失してしまいました（今は関係寺院だった旧藤本坊《ふじもとぼう》が金輪寺の名称になっているそうです）。王子稲荷の本地は十一面観音でもちろん、茶吉尼天も祀られていました。以前、旧王子稲荷が授与していた軸を見たことがありますが、明らかに茶吉尼天が狐の上に立っているという変わった像でした（普通は騎狐のスタイルが多いものです）。王子稲荷によくお参りする人にその軸をあげてしまいましたが、確かにそれは茶吉尼天の像です。当時の江戸を記した『江戸《えど》砂子《すなご》』という本には、狐火おびただし、この火にしたがひて、田畑のよしあしを所の民うらなふことありといふ。年毎に刻限おなじからず、一時ほどのうちなり。宵にあり、あかつきにありなどして、これを見んために遠方より来るもの空しく帰ること多し、一夜とどまれば必ず見るといへり。

とあって、不思議な狐火の現れ具合によって、その年の農作物のできを占う習慣が江戸にはあったようです。この記述によれば狐火の出現は時刻がまちまちで、遠方からわざわざ来ても見逃す人が多いとあります。

このような記述を多くの人は「迷信深い非科学的な人間の錯覚」だの「集団幻覚」だのという傾向がありますが、私はそう思いません。京都、龍谷大学の心理学者である東豊教授とお話ししたことがありますが、こうした現象について「現代人とその当時の人達とは見ている空間が違うのでは」ということで共感をいただいたことがあります。どういうことかといえば、心理学的に言えば私たちはただ目の網膜や水晶体に映るものを直に見ているのではないのです。必ず五感の知覚情報は脳というところに送られて解析されて理解される。したがって脳のありようではふつう見えないものを見たり体験したり、逆に見なかったりするのです。

例えば、この建物は？

ちなみに窓の外に建物が見えたら、それをじっくり見てください。そして今度は目を離してその建物の窓はいくつ、ついていたか思い出してみてください。さらに建物の壁の色はどうでしょう。必ずしも正確には言えないものです。これは我々の目がカメラのようなものとは違うという証拠です。解析しているのは脳です。極限すれば目が見ているのではなく脳が見ていると言ってもいい。もちろん目をつぶれば見えませんが、目を通して見ているので目が見ているのではない。

私の祖母も田園地帯で夜に遠くにいくつも提灯の灯《あかり》らしきものが見え、その灯のもとにチョコチョコ小さい足で行列が歩くのを見たといいます。それも「狐」なのだといいます。また、もっとすごい話では愛媛県にいた私のあるお弟子の曽祖父さんは夜、狸と碁をやって楽しんだといいます。狸は人間に化けてくるのですが、言葉はなく「ふにゃ」としか言わないそうです。四国には狐のそういう話はなく、代わりにあるのは狸の話です。弘法大師がわるさをする狐たちに「四国と本州の間に鉄の橋ができるまでは、四国を出て帰るなと命令した」などとも言います。今では大きな鉄筋の瀬戸大橋もできたから、もう狐たちも戻ってきたかもしれませんね（笑）。人間を化かしたり、はたまた加勢したり、四国の狸は本土の狐以上に色々な話があります。

こうした異界の者たちとの接触は全て脳がしていることで、その時代、時代の世界観でいかようにも変わるものだといえましょう。同時に今我々が見ている脳の世界が一番正しいともいえません。時代だけでなく地域によっても違うのです。沖縄にはキジムナーという精霊がいるといいますし、今でもまれに見る人はいるといいます。東北には座敷童《ざしきわらし》の出る家というのもありますね。もちろんこうした精霊や狐狸妖怪《こりようかい》は我々が何らかの情報をその世界から導き出す一種の認識の形式であり、生物学的にそういうものがいるわけはないのは当たり前のことです。そういうことにたけた人物が地方で祭祀をつかさどり、普通にはなかなか読み取れない異界からの情報を提供していたのが、かつての神官や巫女《みこ》、行者というような宗教的職能者だったわけです。

現代では宗教者は世襲の悪影響もあり、ただの儀式執行者のような人がやたら多いのはまことに残念です。このような話を鼻で嗤《わら》うような方もいます。もちろん、こうした狐や狸は異界からの使者で哺乳類の狐や狸とは全く違う存在であることは言うまでもないことなのですが、その姿形は生物の狐や狸のような動物とリンクしているのは見落としてはいけない点です。例えば弁才天様のお参りの最中に蛇が現れたりすると、弁才天信仰の方はえてして「ああ、弁才天様がご納受あった」と思うものです。蛇は蛇で弁才天様ではない。ただそこに共時性の中に捉え直しが起こる。私たちの先祖はそのような信仰をして、神や仏と意思のやり取りをしてきたわけです。

神仏分離令と日本的霊性の破壊

実録をもとにしたテレビ時代劇で人気があるのは、織田信長が天下統一するまでの戦国時代や、そののちの豊臣対徳川の物語をあつかったものと、新撰組や維新の志士などが登場する幕末の物語だそうです。特に幕末物語は維新の志士に光を当て、旧幕府を旧態依然《きゅうたいいぜん》たる殻から抜け出せない保守的で愚かな政府のように描くものが多いのですが、幕府の政策がどうだったかは措《お》いて、私は明治維新というものが手放しで喜べないと思う一人です。確かに旧態依然とした徳川家の日本では、押し寄せる国際社会に伍《ご》していかれなかったのかもしれません。それはそうでしょう。しかし明治政府は、あまりに西洋を真似するがゆえに、日本のそれまでの多くの伝統をもかなぐり捨て、それらを野蛮で無知なものの象徴とみなしました。

宗教においてもそうです。それで明治政府は神仏習合を廃止する神仏分離令を敢行《かんこう》し、「三条の教則」によって最終的には天照大神以外の信仰をなくそうと考えたのです。三条の教則は明治五年に教部省によって出され、その内容は

一、敬神愛国ノ旨ヲ体スヘキ事
二、天理人道ヲ明ニスヘキ事
三、皇上ヲ奉戴シ朝旨ヲ遵守セシムヘキ事

の三条ですべての宗教の教えはこの教えに一元化し、さらには複数の神々や仏がある多神教的な在り方は野蛮な宗教であって一神教を信じる欧米列強からの侮《あなど》りを受けてはならないとして、その消滅を画策したのです。「こういう天皇を中心とした政治の在り方が日本本来の在り方なのだ」と明治政府は主張し推し進めたのですが、日本本来の天皇の在り方とは長く祭祀王、日本の霊性の根幹である神道のもっとも上に立ついわば宗教的権威（宗教学的定義では厳密には神道は信仰であり宗教ではないとされますが）としての在り方であり、中国の皇帝とも西洋のキングとは違うものです。政治権力としての皇室という考えは、この時ににわかに創作されたと言ってもいいでしょう。ましてや実際の政治は天皇のお考えなどではなく、政治に野心ある岩倉具視《いわくらともみ》などの公家や長州藩の旧藩士を中心に改革が推し進められていきました。天皇は政治家ではないですから結果は当然そうなります。その中から出てきた神仏分離令はまさに中国の文化大革命以上に愚かな考えです。中国共産党政権も文化大革命により、プロレタリアートの文化以外は支配階級の作ったニセモノであり、破壊しなくてはならないという暴挙が行われ、多くの歴史的な価値あるものを葬り去るとりかえしのつかないことをしでかしました。結果、日本でもこの神仏分離のおかげで、日本の宗教文化は大きく損なわれました。明治維新を後押しした皇室ゆかりの門跡寺院は完全に裏切られ、多くの寺領や社殿を失いました。さらに酷いことには、修験道や陰陽道などのシンクレティズム的な日本の霊的考えの柱が切りたおされたのです。

私が思うに案外このころから仏教界という代物は時流に乗りおくれないようにしようとするばかりで、確固とした自己主張もなければ、指導的見解も何もない。そのときそのときの世間の言うところを唯々諾々《ゆいゆいだくだく》としてのみ、衆多の共感を失わないようにと思うところ大であるばかりとしか思えません。残念ながら仏教界に天下の国師というほどの意見を発表される方は、このころから誰もいないとお見受けします。

仏教界の主体性のなさは他にも見受けられます。卑近な例ですが、最近は戒名《かいみょう》はいらないから、ただお経だけあげて葬儀にしてほしいと言われて、言われるままにそうする僧侶もあるようです。世の中にそういう風潮があるのか、自分で勝手に決めたことを押し付けてくるので、うちなどは全てお断りしています。もちろん葬儀の考え方は宗派によりまちまちですが、宗教はサービス業ではないのです。各宗にはそれぞれ各宗のよってたつ宗派の考え方があります。そこを無視した宗教行為は意味がないのではないかと思います。因みに私の属する宗派では葬式は故人が御仏の弟子になることですから、要は授戒であり、戒を授けます。ですから、戒を受けたあかしである戒名がいらないなどということはあり得ません。

しかしながら、世の中の流れにおとなしく追随するのは日本の仏教界にありがちな癖なのかもしれません。この維新の時の仏教界もそうでした。しかしながら「三条の教則」の話が本格化しそうになると、さすがに本願寺《ほんがんじ》や出雲大社《いずもおおやしろ》などから強く反対する動きが見えて、結局この計画は挫折しました。多くの宗教的な重要なものが失われましたが、これは不幸中の幸いです。

この時、全国の稲荷神社の多くから荼吉尼天像などが取り払われたことはもちろんのことです。全国の稲荷の総本社である伏見稲荷からも稲荷大明神として信仰を集めていた荼吉尼天像が外に出され、長浜《ながはま》の神照寺《じんしょうじ》に移されたと聞きます（今もその荼吉尼天は長浜神照稲荷としてお祀りされているようです）。

神照寺は江戸時代にかの天阿上人がお得度された寺で、そののちもこのお寺は習合時代に愛染寺と深くかかわりがありました。有名な愛知県の曹洞宗寺院「豊川《とよかわ》稲荷・妙厳寺《みょうごんじ》」などでは、逆に鳥居を撤去して改めて「豊川吒枳尼真天」と号し、荼吉尼天という護法天であり、神道由来の稲荷ではないと決然と表明したため破却を免れたと聞きます。なかなか気骨のあるお話です。岡山の日蓮宗のお稲荷様「最上稲荷山・妙教寺《みょうきょうじ》」は何とそのままの神仏習合のスタイルを許されたそうです。最上稲荷は荼吉尼天とはいわず「最上位経王大菩薩《さいじょういきょうおうだいぼさつ》」としてこれを『法華経』の化身といいますが、古くは修験道由来の自然智宗《じねんちしゅう》の人・報恩大師《ほうおんだいし》の開かれたお寺で、長く天台宗に属し備中高松稲荷《びっちゅうたかまつ》といわれていました。藩侯《はんこう》の池田氏が『法華経』に信仰深く、このお寺をはじめ岡山の主要な四十箇寺が日蓮宗に改宗したのだといいます。岡山はとりわけ廃仏毀釈《はいぶつきしゃく》の激しいところでしたのに、これはお稲荷様のもたらした奇跡というべきでしょう。

しかしながら、多くの地域ではお堂から仏像が放り出されて手斧で薪を切るように尊像を破却し、焼き捨てるなどの行為が嵐のように起きたといいます。稲荷社のみならず讃岐《さぬき》の金毘羅大権現のような権現を名乗る霊場や、厳島明神のような明神を名乗る壮麗な大霊場も、ことごとく換骨奪胎《かんこつだったい》的な被害を受けました。こうして国策として多くの神仏習合的な存在が全国的に葬りされ、同時に千年以上も引き継がれてきた日本宗教の霊性は無残に破壊されました。以後、万事に西洋化を礼賛《らいさん》する日本は生き残りをかけて、おくればせながら世界中に植民地を展開する欧米列強の蛮風をひたすら真似て、海外に覇道的野望を抱き、ついには太平洋戦争に至ります。

しかし、戦後はまた修験道も活発化し、明神、権現も各地で復活しています。お宮でも大胆にそうした神号を使うところも少なくありません。お宮でも稲荷大神ばかりではなく稲荷大明神の奉納旗も見るようになりました。大変嬉しいことだと思っています。実を言いますと、この本もそういう本来の日本的霊性の復活の一助を目的にして書いているのです。

「茶吉尼天祭文」

この章の終わりに日本の信仰史の中で完成された茶吉尼天のイメージを最も端的によく表現していると思う「茶吉尼天祭文《さいもん》」を紹介しておきたいと思います。

慎み敬って常住の三宝茶吉尼天、王子眷属等に申して申さく、
それ本地は大聖文殊室利菩薩也。
伝え聞く、辰狐王は一切衆生の願う処、即疾に施与したまうと。
此処に吾等万品の望みありと雖も叶わず、なかんずく貧者を救わんと欲すれども財宝を欠き、
愚者を導かんと欲すれども般若乏し。
唯優々として日を昏し昏昏として夜を明かす。

頼む処は彼の天の願海、仰ぐ処はこの尊の本誓也。ゆえに経に曰く、この天を持念せば利生を施与すること十九種あり。

一つは諸病を除き、二つは福徳を得せしめ、三つには愛敬を得せしめ、乃至十九には一切の霊験自然無窮なり。

これに加えて四天王子、八大童子、衆生の願いを満ずること円月の遍く水に浮かぶが如し。

凡そ此の尊の本迹は幽玄にして思議すべからざるところなり。

悉地遠からず。

誠を祈る有無によりて、感応近きにあり、唯誠心の厚薄に任す。

仰ぎ願わくは大聖尊者荼吉尼天部類従属、伏して乞う八大童子部類従属、本誓誤たず、我が祈るところを心願のごとく、成就円満ならしめ給え。乃至法界平等利益。

この祭文によれば荼吉尼天は文殊菩薩の化身ということです。特に文殊五字の意根ともいわれ、「ア・ラ・ハ・シャ・ナ」の五字真言がこの荼吉尼天の本体であるともいいます。

また「辰狐王は一切衆生の願う処、即疾に施与したまう」とあって、利生の早いことが強調されています。しかし同時にこの尊の利益を祈るにはまず、貧苦の衆生を救い、迷える人を導く智恵を求めるべきだとあります。

さらに祭文の中に「利生を施与すること十九種あり」と言いますが、その内容は南北朝時代に成立したとされる『神道集』によるところを解釈すれば、

一、諸病を除く　二、福徳を得せしむ　三、愛敬を得せしむ　四、主君に重く敬せられる
五、盛家と成って資財具足する　六、五穀豊饒《ごこくほうじょう》なり　七、衣装豊かならしむ
八、牛馬六畜成就する　九、従うところの眷属満足する　十、端正の子を生ずる
十一、衆人愛敬の子を生ずる　十二、利根自在の子を生ずる
十三、持念の輩《やから》の病の家に行向うに忽然として病鬼退出する
十四、持念の輩　難産の所に向かっていくに諸魔の縁を払って安穏にして産ましめる
十五、盗賊の難を除く　十六、高位に昇る
十七、軍陣の所に至るに忽然として怨敵逃げ去る
十八、呪咀本人返る　十九、一切霊験自在なり

ということです。

荼吉尼天を持念する輩のいく先に病魔やお産の妨げがないというのは自然と眷属の神々が働くというイメージなのでしょう。ここに登場する眷属である四天王子《してんのうじ》は、天女子《てんにょし》と黒女子《こくにょし》。赤女《しゃくにょ》子《し》と帝釈使者《たいしゃくししゃ》。八大童子《はちだいどうじ》とは、駆使神《くししん》・米持大神《よねじおおかみ》・破呪詛神《はじゅそしん》・稲荷大神・愛敬《あいぎょう》大神・奪魂魄《だつこんはく》神《しん》・護人《ごじん》大神・守宅神《しゅたくしん》のことです。ほかにもここに名前のない頓遊行式神《とんゆぎょうしきしん》・須臾馳走式神《しゅゆちそうしきしん》という二式神がいて、前者は烏面で大黒様のように大きな袋を担ぎ、後者は髪を逆立てた憤怒神で二本の刀を構え、背中には羽根があって疾走する姿で表現されます。また、面白いのは荼吉尼天の眷属に稲荷大神の名があることで、ここでは主客が転倒した形になっています。荼吉尼天は誠の心に感応する神であることが強調されていて、ただ誠心に祈るのであれば霊験は自在であるとしています。

第三章

私と荼吉尼天様

怖いけどあらたかな神様

では今現在の荼吉尼天信仰はどうなのでしょうか?

私の体験したり聞いてきた例を挙げて見てみましょう。私が子どもの頃はお稲荷様は身近にあって、それでいて不思議な存在でした。私の家からすぐ近所の普通の街の辻にお稲荷様のお社がありました。まあ、この当時はそんな風な風景はどこにでもあったと思います。小さな祠に格子戸がしてあり、中を覗くと白い陶器の狐さんが並んでいる。奥の方に箱のようなものもあったようななかったような……何だかとても不思議な感じがしたものです。

すぐ横にある不思議な世界。それがお稲荷様でした。

親に聞くと「お稲荷さんは怖い」という。何でも祖母に聞かされた話だと、以前のお稲荷さんのお社はもう少し大きなものだったそうです。戦争中、防空壕を作るというので、その社の板をはがして使うことになった。当時私が住んでいた街は母が生まれ育った神奈川県藤沢市の小さな町でしたが、それでも戦争中はいよいよ敵が本土に近づくと空襲があって、横丁の鮮魚店の前に不発弾のままで焼夷弾《しょういだん》が突き刺さったなどということがあったようです。それで防空壕を作ることになった。

やがて戦争が終わり板をお稲荷様に戻す段になって、物資不足の折から戻さない家があった。そのまま着服してしまった。そしたら、そこの家の主人がややあって発狂した。八畳間で笑い声をあげて何かお腹のところでぐちゃぐちゃやっている。家のものは何かと思ってみたら何と包丁で腹を切り、腸がはみ出していたそうです。それをもてあそびながら死んだ。

子どもだった私にはそのお社が神道系なのか、荼吉尼天系のお社なのかはもう分かりませんが、そんな風で「お稲荷様は怖い」という話は聞いた。でも、これが実際あった話なのかどうかは、今はもう確かめようはありません。

でもそれなら何でそんな怖い神様を身近にお祀りしているのか？

子供心に不思議に思ったものです。今考えれば怖いということはそれだけ霊威が強いということですから、頼りになるということでしょう。

神道家・本居宣長《もとおりのりなが》（一七三〇〜一八〇一）が指摘したように「鳥獣木草のたぐひ海山など、其《その》余何《ほかなに》にまれ、尋常《よの》ならずすぐれたる徳のありて、可畏《かしこ》き物を迦微《かみ》とは云ふなり」というのが日本の神霊観というものなのでしょう。つまり怖いけど頼れるお稲荷さんは人々からは町の用心棒だと思われていたのです。

夢の不思議

高校生の頃、私の家は母が副業で小料理屋のようなことをしていました。母の本業は画家なのですが、案外家にいるよりもそういう商売が好きであったようです。料理屋といってもカウンターで料理を出すだけですが、その商売の過程で「稲荷信仰」をお客様か誰かに勧められたようです。それで豊川稲荷に行くことになりました。私も同行しましたが「豊川吒枳尼眞天」という言葉がしっくりこず、ろくに知らないままに「稲荷といえば伏見だろうに……」と思ったものです。

このころの私は神社の方に関心が高く、お寺はよく分からない。とりわけ密教の多面多臂の尊像などありていに言えば、奇怪で馴染めないものに思っていたものです。母は画家などにありがちな一種独特の感受性の持ち主で、よく何かあると蛇の夢を見ました。私についても波打ち際に黒い蛇が蟠《わだかま》っている夢を見て懐妊《かいにん》したといいます。しかして私が生まれたのは巳の日の十四日で弁才天様の縁日に生まれたと言われたものです。不思議にも私が生まれるまで母は蛇の夢を毎日見せられたと言っていました。そんなことで母自身も何か蛇の夢に特別な思いはあったようです。

私自身も不思議な夢体験があります。十代後半のとき明け方、夢の中に湖が出てきて、湖面におおきな鳥居が立っているのです。「我は諏訪《すわ》の稲荷権現である。これより汝に力を与える。その机の上を指さしてみよ」と言われてそうすると、机上の文房具が宙に浮いて回転するという変な夢でした。それでも気になったので家の者に車に乗せてもらい、一応諏訪に行ってみることになりました。

明け方上社本宮前に到着して仮眠することに。その夜が明けかけた暗い中に看板があり「信玄公護持　諏訪明神本地仏　毘沙門天、吉祥天」と書いてあるのを見ました。でもひと眠りするとそれはないのです。これも夢だったのかもしれません。

でも大分後で知ったことですが、諏訪明神は戦国時代の信仰では上社、下社の本地は各々毘沙門天と吉祥天とされていたようです。不思議なことです。結局、その時は諏訪の稲荷権現らしいお社は見当たらずに帰ってきたのですが……。摂社《せっしゃ》や末社《まっしゃ》にはあるのですが、どうもむしろ稲荷信仰は希薄のようでした。ついでながら諏訪明神の使いは狐というのは歌舞伎などで有名な八重《やえ》垣姫《がきひめ》が登場する「本朝廿四孝《ほんちょうにじゅうしこう》」に出てくるお話で、実際の民間信仰では蛇がお使いとされています。しかし信仰史の上で諏訪明神と狐を結ぶ線はなく、狐は八重垣姫のお話に出てくるのみのようです。

さて荼吉尼天に話を戻します。母自身も「荼吉尼天様ってどんな神様なのだろう、お力を示してください」とお札を勧請してきた晩にお祈りしたといいます。そうしたら夢の中で蛇が真っ二つに切れて大暴れしているのを見たそうです。「ワシはお前が頼みにしている蛇など目ではないぞ」と言われたような気がしたそうです。別に頼みにしていたわけではないようですが、おそらく蛇は母にとって霊性の世界へのアンカーだったのでしょう。この夢はそんなことでそのアンカーが交代したことをかたっていたのかもしれません。アメリカ先住民の民俗信仰などではそうしたトーテム動物が夢うつつに出てきてその人を導くといいます。母の体験にも似た構造があったのかもしれないと思います。

トーテム

私は中学生のころから妙に神仏が好きで変わった子供でした。何も知りませんでしたが、母が店にお客さんが少ないと「お前拝んでおくれ」と言うので電話が来るたびに拝みました。そうすると不思議と客が来るのだと母は思っていたようです。拝むと言っても何も知りませんから、『般若心経』なども読まないで豊川稲荷で教えていただいたご真言をひたすら唱えるだけでしたが、手には自然と両手を組み簡単な印相のようなものを結んでいました。別に印相のことなどは当時は全く知りませんでしたが、そうすると集中しやすいなと思ってただ自然にそうしていただけのことです。ただ、このような単純なことでもするかしないかで何かが違うのかもしれない……という感覚はありました。やがて何年か後に店もたたむようになり、市内の密教寺院のご住職に拝みに来ていただいて撤収しました。荼吉尼天様はそのまま家の中で信仰するようになったのです。

やがて私は大学生になり、ふとしたことで後に師匠になっていただく白戸快昇住職と出会って聖天信仰を通じ、あれほど奇異に思っていた密教の世界に強烈な魅力を感じるようになり、密教行者への道を歩き出そうと決心するに至りました。母からも聖天様については撤収しに来たご住職から「荼吉尼天でも商売がうまくいかない人は聖天さんだな」などと言われたという話も聞いていました。そのお寺も聖天様を奉安しているお寺だったようです。私も師匠の下、もっぱら聖天様を信仰して修行の道を志したのです。聖天様の信仰をするまでの私は先のお稲荷様の夢以来、インスピレーションが鋭く、自前でお祈りなどもできる変な人間でしたが、聖天様でそういう能力は全くなくなってしまいました。師匠からは「眷属さんが修行に行ったのだ。妙な霊感など修行の邪魔だから。三十三年たったら戻ってくる。アンタも負けずに修行せよ」と言われました。師匠は霊能があるわけではないのだというのですが、時々不思議なことを言うのでした。信者さんでも時々予言のようなことを言われて、それが現実になり驚いたという話はよく聞いたことがあります。師匠は「私は言った覚えはないんだけど……。それは聖天さんが言っているんだと思う」と笑っていました。

それから三十三年とっくにたちましたが、眷属さんが戻られたか否かは今もって全く分かりません。どこかにちょこっと座っていたら面白いなとは思いますが。

何度でも転ばしてやる

私の修行時代の仲間に俗に言う大変に霊感の強い女性が二人いました。そのうち私とほぼ同期の女性がよく境内のお地蔵様をお世話していました。この方はお地蔵様が好きだったんですね。だけどそのたびに転ぶ。何でもないところで転倒するのです。

子供地蔵

あまりに不思議なので、たまたま師匠はいなかったけど、勝手に二人ではじめて「霊媒《れいばい》祈祷」

をしてみました。「霊媒」などというと人によっては呆れるでしょうが、私の師匠の生まれ育った愛媛県の町には近隣に西日本一の高さを誇る霊峰石鎚山《れいほういしづちさん》がそびえ、古来修験道が盛んな土地でした。師匠も実は霊媒のお告げで天満宮が護ってやるから祈祷僧になれと言われたのでした。しかもそれをした方は、師匠の義理の伯母上である女性修験者でした。ですから師匠もよく修験道由来の霊媒祈祷をしていたものです。

霊媒祈祷は密教の世界にも存在していて、「阿毘捨法《あびしゃほう》」といいます。仏教辞典の中に邪法のように書いたものがありますが、密教に暗い人が書いたのでしょう。密教では儀軌もあるきちんとした法です。『速疾立験魔醯首羅天説阿尾奢法《そくしつりつけんまけいしゅらてんせつあびしゃほう》』などがそれにあたります。

伝統的には霊を呼んだり、去らしめる側と神霊が下りる霊媒のペアでします。教派神道（神社庁に属さない民間由来の神道教派のこと）の世界では前の方を前座、後者を中座と呼ぶこともあります。東北地方では死霊を呼ぶものを「死口《しにくち》」、生きた人の霊を呼ぶものを「生口《いきくち》」といいます。『魏志倭人伝』は三国志時代の中国から日本を見た記述がなされた書物ですが、それによると日本の女王卑弥呼が「生口」の男女十人を、のちに三十人を魏の国の明帝に送ったといいます。歴史学者はこれを「奴隷《どれい》」のことだと言いますが、私は霊媒のことだと思います。卑弥呼自体がよく鬼道に仕えた人と書いてあり、鬼道はシャーマニズムのことです。シャーマニズムの世界では霊媒は中枢をなす貴重な存在です。三国時代の中国ではご存知の通り合戦ともなれば何万、何十万もの人が動員される世界でした。常人の奴隷の十人や百人ばかり送って何で喜ばれましょう。シャーマニズムは特定の宗教に限らず各国の宗教に見られました。今でも修験道の世界にはそういうシャーマニズムが色濃く残っています。

この時は当の相手の方が中座の役をしました。私は他の弟子に比べると、そういう霊能力はないに等しい存在でした。特に眷属さんに去られてから、それからの私はただの凡庸な小僧にすぎませんでした。さて、やってみると前座の私がヘッポコでも中座の感度が良かったのか、彼女がよく転ぶことについて関係する霊を呼ぶと、何とお稲荷さんのご眷属が出てきたのです。このお稲荷さんはお寺の土地が江戸時代に土佐藩の別邸だったころからあり「土佐山稲荷」と呼ばれていたそうです。中にはお稲荷さんの御魂箱のほかに荼吉尼天の尊像もありました。お稲荷さんは「地蔵ばかりをかわいがるな！　私たち（狐像）のこともちゃんと洗って掃除しろ。何度でも転ばせるぞ」。

それで、恐る恐る叱られることを承知で、このことを師匠に報告すると「ああ、以前私がはじめて来た頃はよく狐像を洗ってあげたのだけど、最近忙しくてね」とのこと。

やはり洗っていたのです！

「私どもで洗いましょうか?」と言うと「稲荷ではなく狐が言うのだろう。眷属の分際で生意気な。捨て置け」と言うのですが……。そう何度でも転ばされてはかなわないというので彼女とお狐さんを洗って、掃除した思い出があります。

霊媒について補足しますとこうした能力は誰にでも多かれ少なかれあるようです。私は後年、駒澤大学の学部時代から三十年もたって再度、心理療法に興味を持ち学習する機会を得ましたが、そこで出会った「ファミリーコンステレーション」などは、まさに現代の霊媒と言っていい技法でした。これはドイツの心理療法家バート・ヘリンガー氏が編み出した方法です。具体的にはクライエントとその関係者の代役を立てて位置関係を配置することから始めます。するとややあって勝手に代役たちは思い思いの方向へ動き距離をとり始めるのです。そしてその問題に対する気持ちを代弁したりもします。痛みなどの体感覚が出る人もあります。生きている者だけでなく、動物や死者の代役をすればその気持ちも語ります。実に不思議ですが、私たちは潜在意識でつながっているということの証拠なのでしょう。そうでなければそのようなことは起こり得ません。興味のある方はファミリーコンステレーションの本で調べてみるといいでしょう。

霊感少年

　私が修行に入ってしばらく五年ほど後に、Ｋさんという中学生か高校生ぐらいの人がお弟子に入りました。今では一箇寺の立派なご住職ですが、当時、護摩堂に上っていく彼の後に、私には墨染めの衣を着たお坊さんがついていくのが幻視されたので、師匠に言うと「ああ、それは梵海さんだよ。彼はそのお坊さんの志もあって得度するんだよ」とのこと。何か過去にいた縁のつながるお坊さんで、自分が果たせなかったさらなる修行の追究を彼に託しているようだという話でした。実に荒唐無稽なお話ですが、この彼もそうでしたが私以外の弟子は皆優れた霊感者でしたので、そういう不思議議は師匠の寺ではよく聞かされました。この彼はよくあるように最初かなり霊障に悩まされた少年でした。霊的に敏感な人というのは、ちゃんとコントロールできるまでは大体そんな感じですね。

　こんな話をすると驚き疑う人がいるのももっともですが、これは実はそんなにめずらしいことではありません。沖縄地方では、女性の何割かはカミダーリーという独特の精神症状を体験するという調査結果があるそうです。精神ばかりか体にも影響するところも大きいようです。要するに民俗学で言う「憑依《ひょうい》」というものです。

　このことを私は駒澤大学の学生時代、佐々木宏幹教授の文化人類学の講座で知りました。佐々木先生はユーモアあふれる方で学生にとても人気があり、私も心理学でなく民族学をやれば良かったと思ったほどでした。カミダーリーの語源は「神垂れる」とか「神だるい」などと予測されていますが、要するに原因不明の体調不良と神の声が聞こえたりする憑霊現象が起きて、あちこちの御嶽《うたき》と呼ばれる霊場をめぐらされるのです。そうしているうちに良くなることもあれば、能力がより鮮明になりユタという民間宗教者になる人もいます。昔は沖縄中のユタが集まり、イザイホーという秘儀伝授の祭礼があったようです。女性だけで男性はいません。男子禁制です。これがどのようなものかは秘儀故によく分かりません。こうした秘儀は大変貴重なものですが、公開できないために無形文化財の登録もならず、消えていく運命にあるようです。実に残念です。

　ここ最近知り合いになったある女性の霊能者さんは、ユタではないが九州の五島列島で伝承されてきた「洞の呪術」というのを伝える人でした。話を伺うとやはり洞穴に女性ばかりで集まり円陣を組んで秘儀伝授があるのだそうです。しかし今はその洞窟も崩れ、秘儀は行われず、伝承は自分で絶えるのだという話でした。この秘儀は八人の女性呪術者に囲まれて伝えられるそうですが、すでに八人はそろわず、うち二人はあの世から亡くなった呪術者を呼んだという面白い話を聞きました。ですから霊能者などというと昨今ではテレビなどで取り上げて、やれすごいの、やれインチキだのとバカ騒ぎしたりしますが、今だからそうなのでそういう呪術者は昔はふつうにどこの地域にも何人かいたものだと思います。こうした呪術者は伝統的手段で養成も可能ですが、もちろん才能にもよります。そこは歌の上手下手はあっても一応歌ったり習ったりできますが、プロ歌手になるのは並大抵ではないのと同じことです。

このKさんは大変優れた素質の持ち主でした。霊的な存在の影響に苦しめられると彼は「阿修羅王」や「飯縄権現」を呼んで助けてもらえると言っていました。その時の話では何か悪いものがやってきて、それで飯縄権現に助けを求めると、まず蛇が飛んでくるそうです。これは飯縄様の手足にまかれているもので、白蛇ではなく青いのだそうです。それでもなかなか手ごわいと今度は狐が来てくれる。これは飯縄様が乗っている狐さんです。それでもどうもならないと飯縄様本人も来てくれるらしい。

彼は最初、飯縄権現の日本屈指の霊場、高尾山にお参りした折に山内のお稲荷さんを拝んでいるときにはじめて飯縄様の示現にあったのだといいます。拝んでいて、やけに熱いので顔を上げると炎に包まれたお姿があったといいます。「ではKさんの守り神は飯縄様なのだね」と言うと、彼は「いいえ、違いますよ。飯縄様はあなたのところに行きたいそうです」と言う。もっと詳しく聞くと飯縄様の配下には何組もの眷属グループがあって、その一団が私のところに来たいのだという話でした。それで彼が私の留守中に来て天狗像を置いていきました。この天狗像がその依《よ》り代《しろ》らしいと言っていましたし、私もそう思いますが、日本では荼吉尼天としばしば同一視され、高尾山でも「オン　キリカク　ソワカ」という荼吉尼天のご真言でお参りしているようです。全国の稲荷神社でも飯縄権現の像を荼吉尼天として奉安しているところは殊の外少なくないと思います。信仰史の上ではこれも一種異形の荼吉尼天と言っていいかと思います。

二つの霊山　宝満山と飯縄山

丁度そのころ画家の母がアトリエを探して方々回っていましたが、行きついたところが信州飯縄山の東高原でした。飯縄山こそ飯縄様の発祥の地いわばご本山です。そしてその土地は飯縄町の今の奥の院があるところがそれです。これは不思議な符合でした。

今でも飯縄山の山頂の社殿には木像の小さな飯縄様のお像もあります。里宮は長野市芋井の皇足穂神社といいます。御祭神は皇足穂命でその名前からして豊かな稲穂の神様・稲荷神であることは明白です。あまりに不思議なので何か因縁があるのでは、と私は自分の先祖と飯縄明神とのかかわりを探ってみました。

私の姓は母方のもので父方は高橋という家に連なります。九州の高橋氏という大友氏《おおともし》麾下《きか》の戦国大名で修験霊場の宝満山の山麓に砦を持ちました。高橋鑑種《たかはしあきたね》という武将がそれですが、この人は大友宗麟《そうりん》（一五三〇〜一五八七）がキリシタンになって大宰府天満宮《だざいふてんまんぐう》や宝満宮に対し粗末な扱いをしているというので、後にこれらと組んで蜂起し謀反《むほん》を起こしました。これは失敗しましたが、命は助けられ小倉に流されました。この宝満山は三井寺を淵源とする本山派の修験道とも縁が深く、山中にその昔存在した大山寺は宝満山の神・宝満大菩薩の本地・十一面観音を祀りました。宝満大菩薩は玉依姫の命で分かりやすく言えば龍宮の乙姫様です。左右には毘沙門天と飯縄明神が祀ってあったというのです。普通は天台宗でよくある形式では観音様の脇侍は不動明王と毘沙門天です。天台流の説明ですとこれは不動明王が密教の守護者・毘沙門天が顕教の守護者ということで顕密二教を表すのですが、宝満山の場合は「荼吉尼天」となっていました。観音三尊にこの組み合わせは普通にはちょっと考え難いものです。しかしよく調べるとその荼吉尼天は飯縄不動とあり、飯縄権現（飯縄明神）であることが分かってきました。これはお姿からすれば不動明王に酷似していますから、さほど違和感はないはずです。

さらに母方のほうを調べると、ルーツは茨城県桜川市で教育者や神官を輩出した家だそうです。

近所には加波山《かばさん》神社があり、ここは日本三大飯縄権現と言われた岩切飯縄権現の旧跡でもあります。ともに旧真壁郡《まかべぐん》です。ここにも何か因縁があったのかもしれません。また羽田の地には羽田神社があります。祭神は不明ですが、ここは将門信仰のあった土地でもあり、平将門が妃である「君の前」の菩提のために作ったという阿弥陀仏を納めたという「羽田の阿弥陀堂」もあります。まだ行ったことがないので一度行ってみたいものです。

霊狐と語る？

そのように飯縄明神のことを調べていくうち、いきおい世に荼吉尼天の法と言われる「飯縄の法」にも出会いました。一口に飯縄の法と言ってもこれがそうだというものはなく、実に様々でとるに足らない下らないものもあります。しかし飯縄の法の伝承者というのは、今は見るところどこにもいないようでした。

以前、神道系の伝承者が名古屋においでになりましたが、私のものはそれとはまた全く違うものです。私も自分で研究し修行したのみです。教わったわけではないのですが、幸いにすべての口伝が残らず書き記された飯縄の法に出会い、このようなものが手に入るのはご神意だと勝手に思ってこれをもとに修行してみました。

また、夢の中で教えられたこともあります。神社の板間みたいなところに白衣を着た青年が正座しているのです。周りには多くの白装束《しろしょうぞく》の人がいました。すると奥から白髪白衣の仙人のような老人が出てきます。老人はやおら「飯縄の秘法をあの若者に授けようと考えていたが、故あってとりやめ、お前に授けることにする」と言われました。この老人、横から見ると顔の横から紫色の肌が見えている。どうもこの仙人のような顔は仮面であり、彼は人間ではないようです。それで夢の中で教えてもらったのが「たまのいづめ」という技です。とは言っても、授けてもらうという夢だけで内容はさっぱりです。「変な夢を見たなあ」と思っていました。かなり後でよく似た名前の伝書に逢い、「たまのいづめ」は、実は「たま」ではなく「鷹」であり、「鷹の厳つ目」であったのかもしれません。

夢の話はともかく、実はこれは一種の目のトレーニングなのです。この秘法のお陰で私は今六十歳代前半ですが、今でも眼鏡なしに新聞は読めます。飯縄法は忍術とも言われましたから、そういう法もあるのでしょう。

中でも越後の国の修験道にある「飯縄槌金の法」というのは狐を使う法というので、どんなことになるのか興味津々で面白く熱心にやりました。ついでながら槌金の語源は「土金」のことで、垂加《すいか》神道には「土金の伝」というのがあるそうですが直《じか》に関係はないようです。そうするうちに伝書にある通り、何と霊狐？と語れるようになったのです。「羽田も遂に頭がおかしくなったか？」と思うでしょうが、語れると言っても、ほとんど一方的にものを教えてくれるだけです。これは心理学的に言えばあるいは「分離した自己」というものかもしれません。実はそう不思議なことでもないのです。

わたしは「自律訓練法」という心理技法を大学で習いました。

幸い当時その権威である佐々木雄二先生が駒澤大学にいらっしゃったのです。その授業は私にとって生涯忘れえぬ大変興味深い内容でした。これは一種の自己催眠ですが、どんどん進んでいくともう一人の自分と話ができるようになるのです。深層意識の自分と語るわけですね。要するに潜在意識を別人格化して、相対することができるのでしょう。私の言う霊狐さんも心理学的に言えば、そういうものかもしれません。私自身は霊が見えたり聞こえたりするような霊能者でも、特異な能力の持ち主でも全くありません。ですから、これを仮に霊狐と呼ぶなら、霊狐とお話しするのは誰にとってもそう難しいことではないのでしょう。

世の中には妖精だの天使だのと語るという人もいますが、同じ構造ではないかなと思います。アメリカ先住民のシャーマンも精霊と語るといいます。とても神秘的に思えますが、思うに心理ワークとしては似たことをしている人はいくらでもいるだろうと思うのです。私などよりはるかにそうしたことが達者な人は日本中にいると思います。ただ狐さんなどと私のように古風なことは言わぬだけかもしれません。しかしながら私は心理学者でも心理療法家でもないので、そのような科学的な裏付けや説明などどうでもいいのです。潜在意識だとしても、潜在意識は科学のまな板の上に載せられませんから、それからして実験科学とは無縁の存在です。ですから、あくまで潜在意識かどうかは横に措いて、私自身はそこは霊狐さんとして接しています。

時々、このことを聞いた人から「あなたは霊狐を使えるのですか?」と言われますので「とんでもない。むしろ使われているのです。向こうの方が立場は上ですから」と笑ってお答えすることにしています。霊狐さんからは教えられたり、注意されたり、叱られたりもします。私の先生のようなものかもしれません。霊狐さんからはさまざまなアドバイスがいただけますが、お告げのようなことはしてくれません。それは私にもそうですし、信者さんのことも一切しません。「そういうお告げ中心の信仰はニセモノだからいけない」というのが霊狐さんの教えです。「人は仏様神様の教えに照らし、自分の頭で考えて生きていくのが正しいのだ」というのが霊狐さんの主張なのです。

興味のある方は、私の「金翅鳥院ブログ」に時々「天狐通信」として霊狐さんとのやりとりの記事を載せておりますから、ご覧ください。

荼吉尼天法を拝む

飯縄明神ではなく、もちろん荼吉尼天の方も拝むことはあります。個人的には飯縄様と関係が深い神様ですから、普段からとりわけ信仰しており、よく拝みます。皆様の祈願としては、拙寺では年に一回だけ荼吉尼天の祭礼もしておりますから、その時は荼吉尼天法を拝みます。でも普段は拙寺のご本尊は観音様ですから、基本は観音様にお祈りするのです。でも、そうしているうちに、何とはなしにこのご祈願は荼吉尼天さんがいいかなと思うことがあります。そういう時には別にして、お祈りいたします。

世間の仏像図鑑など見ますと、何様は何の祈願がいいとか書いてあるものもよくあります。そういうのを見てきて「○○様で拝んでください」という方もいますが、そういうオンデマンドは基本的にしないことにしています。それは素人考えというもので、そういうものは経典や儀軌などに一応の誓願にあるものをピックアップして、本に書いてあるにすぎません。そんなことをしてもうまくいきません。例えば弁才天様は音楽の神様ですが、自分は音楽家なのにお不動様を信

馬頭観音

妙見菩薩

仰していては駄目で、弁才天様に乗り換えないとその方面のご利益は薄いかと言えば、そんなことは全くないのです。

逆に儀軌やお経に根拠はないのですが、動物の守り神として馬頭観音をお祈りしてワンちゃんや猫ちゃんの病気が治ったり、妙見菩薩は「妙に見える」だから目に良いなどという祈願をして現実に眼病が良くなることもあります。そういうことは民間信仰の域であって、実はお経には書いてはないのです。それでも結果はいただける。だから馬頭観音様の信仰は昔から牛馬などの動物を守ってくれる。現代ではペットも守ってくれます。そして妙見様は眼の神様で定着しているのですね。

それは何故なのでしょう。

それは仏様の総願といって、仏ならだれでも持っている誓願に「衆生無辺誓願度」とどなたであれ、我ら衆生の正しい願いは等しく聞いて救ってくださることになっているからです。

私においてもそういう感じで、頭で考えてだれに頼むべきかと御祈祷することはまずないのです。そういうことは経験的にほとんどうまくいきません。何がふさわしいかの判断は私自身にはなく、何か観音様から感覚的にそう言われたような気がしてそうするだけです。でも荼吉尼天様を拝んだ感じは結果が抜群に早いですね。もちろん叶うばかりではないです。ただ、良くも悪くもはっきりするとは言えます。拝んで体験的に結果が一番早いのは摩利支天、次が荼吉尼天と私は思っています。『渓嵐拾葉集』には火急の祈願は荼吉尼天がふさわしく、動物だから結果が早いのだと書いてありますが、私の解釈は少し違います。「荼吉尼天様を祈って得られる結果はなぜ霊験あらたかなのか？」は次の章で私の思うところをお話ししましょう。

第四章

現代に生きる荼吉尼天信仰

引き寄せの法

話はガラリと変わりますが、世の中にはいわゆる「引き寄せの法則」の話があります。望むものをすでに得られたと強く信じれば得られるのだという話です。実はこういう話は百年以上前の大昔からあります。なぜこんな話を唐突にするかというと、神仏のご利益の正体というものも畢竟《ひっきょう》これなのだという人は多いようだからです。つまり神仏の働きは自分の潜在意識の働きだというのです。

今も「引き寄せの法則」の本は書店にコーナーができるほど人気がありますが、アメリカでは「マーフィーの法則」とか「ナポレオン・ヒルの成功哲学」といった形で古くから知られていました。ナポレオン・ヒルは一八八三年生まれの思想家で著述家です。ジョセフ・マーフィーは一八九八年生まれの宗教家です。どちらもアメリカで生まれました。当時は今までとは違う新しいキリスト教の流れが生まれていて、「ニューソート」と呼ばれていました。そうした流れの影響も強くあったようです。ナポレオン・ヒルやジョセフ・マーフィーの生まれる十年ほど前にメリー・ベーカー・エディ夫人が一八七九年に創始した「クリスチャンサイエンス」などもそうしたニューソートの教会です。ですから別段、そう新しい思想というわけではありません。現代の「引き寄せの法則」と言われるものも基本は同じものです。私はこの思想を若いころからずいぶんと研究しました。

強く信じれば叶う。もう得られたと信じられれば良いというのがその趣旨です。つまり潜在意識に落とし込んだものは、やがて人生に反映されると考えるのです。

潜在意識とは何でしょう。

それは我々の普通の意識の奥にあって、我々を無意識層で支配している概念のことです。存在が明確に確認できないのがその特徴ですので、科学的にはその作用から類推した存在でしかありませんが、しかし、暗示や催眠などを通じてそういう働きをする意識があることが仮定されているわけです。支配しているといっても自分の心の一部ですから、自分を悪いようにしないのが原則なのですが、さきの引き寄せの考えではこの領域で主客の区別がないといわれます。だから人に長らく怨念などを抱いていると、まず自分の人生にそれが反映されてろくなことは起きないというのです。

相手を悪く思って、なぜ自分自身が悪くなるのでしょう。

それは心の奥の世界には自他というものはひとつだからです。ずっと昔ですが、私がよく行く薬局の店員さんと話をしていて、たまたまその方のお父さんの話になりました。「父は鳥を撃つのが趣味です」とのことでした。わたしは「それは止めた方がいい、やがて自分に強い痛みが降りかかる」と言ったことがあります。そうしたらその方は驚いて「そうなのです。最近は関節が痛くてどうにもならない」ということでした。

殺生の報いでしょうか？

ここで単純にそんなお説教めいたことを言うつもりはありません。問題はズドンと鳥を撃つ。そのとき人は何を感じ思うかです。必ずその衝撃を自分の身にも感じるのです。これは感覚的なもので思想とかではないのです。むしろ鳥を撃つのは、その相手に当たった手ごたえを楽しむために撃つのでしょう。しかしながらその手ごたえは自分にも必ず来ますね。一種の共感が働くのです。それが重なれば必ず身の災いになります。同じように動物を撃ってもその共感の部分は関係ないなら身には感じられないと思います。

例えば釣りをするのと、機械で巻き網を巻き上げるのでは魚を捕獲するのにも体感覚は全然違うのです。言い換えれば殺生の感覚を楽しめば、自分に同じことをしているのと変わらないのです。よく昔から言う「人を呪わば穴二つ」というものと同じです。同じように人を呪えば相手に作用するのみならず、自分にもその悪影響は及んで墓穴を掘るという意味です。

良かれ悪しかれ潜在意識に摺《す》り込んだことは現れるというものです。そのためにこうした考えを信奉する人々には、自分にそれを徹底して信じ込ませるために同じような本を山と読み、講演を聞いたりする人も多くいました。そうしてなるべく明るい良き想念、希望に満ちた想念を持ち、かりそめにも人に悪念を持つことを戒めるのです。そして「潜在意識の法則自体」を潜在意識に教え、摺り込もうというのです。

しかし、少し考えれば分かることですが、もともと潜在意識がそういう性格のものならそのような摺り込みなど無用ではないのでしょうか。それは単なる思い込みを人為的に起こしているような試みになります。

しかしながら私も若いころにはそうした一人だったと思います。断っておきますが、この潜在意識の法則を私は笑うものではありません。今でもそれ自体は大変良いことであり力を持つものと思います。しかしながら、何でも総て叶うというのは過度な期待です。

世の中にはこの「潜在意識の法則」をして、実は神仏の霊験も同じ原理なのだと説明する人も多くいます。神や仏とはある意味私たち自身の心であるというものです。まあ、それは仏教でも「唯識論《ゆいしきろん》」などの考えに照らせば、全然違うとは言えません。

潜在意識と占術の話

しかし、それでは本当に信じられれば、どんなことも叶うのでしょうか。

これは私が奇門遁甲《きもんとんこう》や風水などの占術を習った方である占術家の黒門《コクモン》先生が披露されている体験談です。この方は実に日本における奇門遁甲や風水の超一流人と言っていいでしょう。

黒門先生ははじめそうした伝統的な運命学の研究に打ち込んでいましたが、とあるきっかけでこの「潜在意識の活用法」に出会ったそうです。そうしたら不思議だが思うように人生が開けてきた。こんな風に開運できるならと占いに対する関心はどんどん薄くなっていったそうです。

しかしあるとき先生は、やはり人生に行き詰まりが起きてきました。することなすことうまくいかない。それで再び、運命学を見てみると果たして占術上で言う、そういう行き詰まる時期にぴったりと来ていたのだそうです。それでまた、占術も捨てたものではないと再び大いに精進され、その道で日本有数の大家となられました。黒門先生は「潜在意識の法則」を否定はされてはいませんが、古来から伝承されている運命学の有用性にも改めて素晴らしいものだという認識をもたれたわけです。

では、こういったことは仏教ではどう考えたらいいのでしょうか。

仏教の考えでこれを考えると、我々の人生というものは時々刻々我々の行いで作られていきます。今風に言うとカルマという原語の方がかえって分かりやすいかもしれません。その我々の行為すなわち「カルマ」は仏教では身口意《しんくい》に分けて考えられます。つまり行いや振る舞いと言葉、そして心ですね。ただしそれがそのまま即座に人生に反映されるわけではありません。仏教の唯識という考えによりますと、いったんそれら行為の記憶は「阿頼耶識《あらやしき》」とよばれる、いわば「潜在意識」に落とし込まれる「異熟《いじゅく》」と呼ばれるユニットになって定着し、それが表面化して人生に発現すると考えるのです。

しかしながら仏教では我々の総ての行為を善悪では分けて考えるのではありません。例えばあなたが山を登る。小さな石に足が当たり転がしてしまったとします。それが下に転げ落ちる過程でだんだんと大きな石を動かすようなことになり、あとから登ってきた人が当たって怪我をしても、それはあえて「悪業」にはならないと考えます。極端な話が「風が吹けば桶屋が儲かる」というような、巡り巡ってという形のものは善にも悪にもならないのです。

例えば、知らない人にお金を貸してやらなかったからといって、その相手がお金ほしさに盗みをはたらいたとしても貸さなかったのは罪にはなりませんね。そういう行いは「無記《むき》」といいます。つまり阿頼耶識に異熟として記されないので、そう呼びます。阿頼耶識のアラヤとは「蔵」という意味です。異熟の蔵が阿頼耶識です。因みにヒマラヤはヒマーとアラヤの合成語で「雪の蔵」という意味になります。現代風に考えるなら、コンピュータのハードディスクが阿頼耶識で、異熟がそこにダウンロードされる情報やソフトに例えることができるでしょうか。

特に意識的にしたことは確実に異熟になります。例えば、事実無根なのにある人が悪意ある中傷をしてそれが広がり、相手が深く気にして心の病気になったとしましょう。自分が世間に広げたわけでもなく、その病人も話の出元がその人物だと知らなくてもそういう場合は確実に悪業になります。広げたのは他人だとしてもです。なぜならそれは自らの「悪意」から出発しているからです。もちろん広げた方はこれに加えて更なる罪を犯したことになりましょう。逆に善意でしたのに残念ながら功を奏さなくても、それは善であることには変わりません。もちろん結果が良ければもっと良いことは言うまでもありません。

このように意識してしたことは皆、異熟になります。仮に仏教的に考えるなら、占いのような予測方法はこの異熟を読むことにほかなりません。どんな種が発芽しようとしているのかを予測する方法です。逆に運命を作るなら、良い異熟を阿頼耶識に送り込めばいいのでしょう。これが実は今言ったような「潜在意識の活用法」に相当すると思います。

そうすれば果たして人生は自由自在でしょうか。

原理から言えば、良いものを入れれば良い結果を生むのが阿頼耶識です。そこは間違いないのです。でも、ここで大事なことはあとからいくら良いものを潜在意識に送り込んでも、すでに先にある異熟は消せないということです。良いものは良いもの、悪いものは悪いものとして発芽しますす。ですからいくら潜在意識を活用しても、何でもすべてが「いいことづくし」にはならないのです。先に大きな好ましくない異熟があって発芽すれば、そこで良い流れはストップすることもあるかもしれません。しかもそれに対するリアクションが良かれ悪しかれ、また次の異熟になって新しい人生を作っていく要素となります。もちろん、こうした潜在意識は活用しないより活用した方がはるかに良いことは言うまでもないのですから、それを否定する気は毛頭ありません。だからと言っていわゆる運命学に見るようなものがすべて無視できるかというとそうではないと思うのです。

私は密教の占星術を学んでいますが、占星術は生年月日からなる予測術です。ただしこれは真実を言えば生年月日がどうだからという原因論ではないのです。原因・結果でなく、人の運勢の傾向と生年月日はリンクしているということです。原因結果と考えることは仏教思想とは齟齬《そご》しています。あくまで人生を作っていくのは我々の行いです。その行いが作られた異熟の発芽を予測するということだと思います。

釈尊は遺言ともいうべき『仏遺教経《ぶつゆいきょうぎょう》』で、仏弟子に対し占いを否定し禁止しています。ほかにも算術も否定し、天文を見ることも否定されています。書いてはありませんが、当時は普通の商売なども僧侶のしてはならぬことになっています。経済活動には一切かかわってはならないのです。僧侶は食べ物などの布施で生きるのみです。それはそうでしょう。原始仏教教団では世のこと一切を捨てて、修行し解脱により輪廻《りんね》を絶つということのみを考えるのが仏教の目的でしたから、そんな事に関心を持つのは余計な俗事なのです。

しかし大乗仏教では世間の中に生きながら道を求めますから、必ずしもそういうものを否定しなくてはいけないと言いません。なんであれ、生かせるべきものを生かすのが大乗精神です。大乗経典の白眉《はくび》とされる『法華経』の「法師功徳品」では、『法華経』の意を悟れば「諸々の所説の法、その義趣にしたがって皆実相に違背せじ。もし俗間の経書、治世の語言、資生の業などを説かんも、みな正法に順ぜん」といいます。『法華経』の信仰を日本で大きく宣揚された伝教大師最澄上人は「道心ある人を西には菩薩と称し、東には君子という」と言われていて、儒教の理想像である君子を否定していないのも『法華経』の立場から一切を摂せられたからだと思います。

また密教の教えには『宿曜経《しゅくようきょう》』はじめ、そうした占星術の経典が多く伝えられています。悟りを求める僧侶にそういうものがどう役に立つのか。

悟りを求める。

それは「上求菩提《じょうぐぼだい》」と大乗仏教ではいいます。ただし「上求菩提」は大乗仏教では「下化《げけ》衆生《しゅじょう》」という言葉と一対です。上には菩提を求め、下に衆生を化するといいます。もちろん、化するとは仏教教化のことですが、仏教の教えを説くだけではありません。すなわち大乗仏教では皆さんの世俗の生活を肯定し、それを豊かにしていこうという考えが一方にあるからです。世間の生活など所詮関係のない俗事とはいわないのです。上座部仏教でも慈悲自体はとても大事なものですが、それでも俗事からはなるべく離れていないとならないのが建前です。もっとも『宿曜経』のような占いは、そもそもは密教の儀式をスムーズに行うために研究されて出発したように思います。インドは占星術が盛んな国です。世俗には世俗の星占いは別に存在していたと思います。インド占星術がそのまま密教占星術ではない点は留意したいと思います。

占いといえば荼吉尼天は陰陽道の六壬式占と深い関係にあったことはすでに述べました。式占いをよくしたという陰陽師・安倍晴明も葛の葉という狐の子だと言われ、安倍氏ゆかりの文殊院の本尊は文殊菩薩です。文殊菩薩は荼吉尼天の本地とされます。

『横川法語』

『宿曜経』のような占いを必ずしも否定しないにしても、仏教は決して運命論ではありません。自らの行いによってまた未来が作られていく「因果論」という考えに立ちます。それが仏教の根本思想です。ですから未来における占いは過去からの業がどう働くのかというだけのことで、結論にはならないのです。だから霊能者などに「あなたは過去世にこういう悪い業があるから、必ず悲惨な一生になる」と言われたとします。この霊能者が大変優れた本物の霊感があったとしても、それは半分しか当たらないのです。

なぜなら未来はすでに作られたものではないからです。霊能者は過去の業から推察をしているのでしょう。でも過去の業の影響は受けても未来自体はこれから作られるものですから、百パーセントなどは当たりません。これは占いにしても同じことです。

我々には過去世があります。皆が同じスタートを切って人生を始めるのではないのです。ですからそんな神秘的な話なんかしなくても、オギャアと生まれた環境からして皆人それぞれでしょう。時代も性別も国も違います。ですから未来は決まっていなくても、それなら何でも自由自在というのも、またあり得ないことと考えるのです。

　そもそも人間に生まれたこと自体も仏教では当たり前とは考えません。天台宗の源信僧都《げんしんそうず》（九四二〜一〇一七）は我が国における浄土信仰の初期の人として知られますが、その彼が残した『横川法語《よかわほうご》』を紹介しましょう。

源信僧都

それ、一切衆生、三悪道をのがれて、人間に生まるる事、大なるよろこびなり。身はいやしくとも畜生におとらんや、家まずしくとも餓鬼にはまさるべし。心におもうことかなわずとも、地獄の苦しみにはくらぶべからず。世のすみうきはいとうたよりなり。人かずならぬ身のいやしきは、菩提をねがうしるべなり。このゆえに、人間に生まるる事をよろこぶべし。信心あさくとも、本願ふかきがゆえに、頼まばかならず往生す。念仏もの憂けれども、唱うればさだめて来迎にあずかる。功徳莫大なり。此のゆえに、本願にあうことをよろこぶべし。また妄念はもとより凡夫の地体なり。妄念の外に別の心もなきなり。臨終の時までは、一向に妄念の凡夫にてあるべきとこころえて念仏すれば、来迎にあずかりて蓮台にのるときこそ、妄念をひるがえしてさとりの心とはなれ。妄念のうちより申しいだしたる念仏は、濁にしまぬ蓮のごとくにして、決定往生《けつじょう》うたがい有るべからず。妄念をいとわずして、信心のあさきをなげきて、こころざしを深くして常に名号を唱うべし。

難しい言葉もあるでしょうが僧都はまず「三悪道をのがれて、人間に生まるる事、大なるよろこびなり」と言われています。

なぜ人間に生まれることが幸せなのか?

中には「私は良い家に飼われる猫や犬に生まれ変わってのんびり美味しいペットフードでももらって可愛がられ、のびのび過ごしたらその方がずっといい」という方もいることでしょう。まあ、楽ということだけならそういう考えもあるでしょう。そして楽ではないというなら、人間でも今現在人間らしからぬ過酷な目にあっている人はたくさんいます。世界にはやむことのない戦乱の巷にあっておびえながらの生活を余儀なくされたり、家も国もなく難民になって放浪し、他国で迫害されたり、所在なく生きていくほかない人。そうかと思えば人間なのに物のように売買されている子供や女性もいます。

でも源信僧都が言われる人間に生まれた幸いとは、地獄や餓鬼や畜生の三悪道と比べてはいますが、それは単に「楽」だということが主眼ではないのです。源信僧都は念仏信仰の人ですから、この中でももっぱら「念仏」と言われていますが、要は人として信仰ということができるということが、彼の言う人間と生まれたことの幸いなのです。信仰は人間ならではのことです。幸福な家庭に大事に飼われる犬や猫になっても二十年ほどたって死ねばそれでおわりです。また当てもない輪廻転生の道をさまようだけ。人間は過酷な環境にあっても、信仰をつかめればそれはまたかけがえのない永遠の財産と仏教では考えるのです。

よく聞くのですが、「仏様は恐竜の時代からいるのですか」という質問です。いるのでしょう。しかしそれを認め拝む人がいません。恐竜は信仰というのはしないでしょう。だから仏はあってもないのと変わらない状況でしょう。『横川法語』ではそれが言われている。

そうした人間で良かったというのは人間ならではの信仰ができる。そうすれば我々はこれから先も生死を超えて仏への無限成長の道を歩んでいけるという思いがそこにあるからなのです。大乗仏教では、仏縁を得ればたとえ我々が悪業あって三悪業に堕ちても、滅ぶことなく決定して成仏の世界へ導かれるといいます。仏縁はほかの異熟とは違い、ひとたび阿頼耶識に入れば消えることはないのです。

『横川法語』にもどりますが、その言葉のとりわけ有難いのは「また妄念はもとより凡夫の地体なり。妄念の外に別の心もなきなり。臨終の時までは、一向に妄念の凡夫にてあるべきとこころえて念仏すれば、云々」というところだと思います。源信さんは「人間なんて妄念の塊だ！それ以外の何者でもない」と言い切り、もう妄念の凡夫と思い切りなさいと勧めているのです。そして「妄念をいとわずして、信心のあさきをなげきて、こころざしを深くして常に名号を唱うべし」と結ばれ、妄念があることは嘆くことはない。そうではなく信仰の浅きことこそを嘆くべきだと言っています。

『横川法語』は念仏について勧める目的のものですが、私は念仏に限らずこの心は何でも同じだろうと思います。読経だろうが禅だろうが密教だろうが同じことで、やる人間のほうは妄念の凡夫以外の何者でもないのですから。むしろ、どこまでも自分は妄念の凡夫だと思えばこそ精進一路になれるのではないのでしょうか。かくいう私もまた畢竟ただ、ただ妄念の凡夫でしかありません。

現世利益と妄念の凡夫

さて、話が冒頭から大分荼吉尼天からはなれて全然関係のないところにきてしまっていると思うでしょうが、そうではありません。実は荼吉尼天を信仰するうえではいずれのお話も大事なのです。というのは仏教のご利益の話をするには、どうしても阿頼耶識の話と『横川法語』のお話をしておかないといけないと思ったからです。

荼吉尼天は聖天様と並んでご利益が鋭いという天尊です。関西では聖天様ですが、東日本ではお稲荷様信仰の方が有名でしょう。関東では聖天様といっても知らない人も多いのです。荼吉尼天といって信仰している方は少ないでしょうが、お稲荷さんは誰でも知っていますよね。いずれの稲荷信仰であれ、概ね歴史的には荼吉尼天信仰と密接な信仰だったことはすでにお話ししました。ただし、現在では神社は神社としての信仰の独自性を守る上からも稲荷は稲荷であって、荼吉尼天であるとは決して言いません。もはや稲荷か、荼吉尼天かは厳密には拝む人が仏教的に拝むか、神道的に拝むかしかないものかもしれません。ここに三つのスタイルが考えられます。

①神道の稲荷社でウカノミタマノミコトや豊受の大神などの神道的な稲荷観の信仰をしていく

この場合はこの本は仏教的立場から書いておりますし、私は僧侶で神道の専門家ではないので、そんなに役には立たないかもしれません。

②神道の稲荷社に対して経文をあげるなど神仏習合的な信仰をしていく

この場合は基本的には仏教信仰で神祇を拝むスタイルですので、この本もかかわり合いはあると思います。仏教の荼吉尼天を稲荷として時に祝詞や祭文をあげるような信仰も同様です。荼吉尼天信仰においてはこのスタイルが実際は一番多いでしょう。

③荼吉尼天を荼吉尼天として祈る

これは最も少ないでしょうが、密教的な拝み方と信仰スタイルということになります。まあ、これが本来的ですが、荼吉尼天と銘打ってはそんなにはお祀りされていませんから、仏教における稲荷信仰的存在をも含めても、荼吉尼天信仰と考えても良いかと思います。

しかしながら、どんなスタイルにせよ仏教における荼吉尼天信仰の多くは、現世利益の信仰であることは間違いないでしょう。滅罪のため営まれる法事や葬式で荼吉尼天などを拝むことはまずもってあり得ません。しかも荼吉尼天は至って密教的な存在で顕教の経典にはまず出てこない存在です。このためわざわざ、荼吉尼天信仰を寺院の属する宗派本来の信仰とはいささか一線を画していると説明しているお寺もあります。

真面目な方の中には、現世利益などは仏教の信仰とはおよそかけ離れたものと思う人もいるようです。もちろん、現世利益だけが仏教の目的ではありません。しかし、いまや釈尊在世のころのような山林苦行でもしていない以上は、我々と社会生活は切っても切れないものです。社会とは我々が健康で豊かに、人と人がお互いが気持ち良く過ごせるより良い生活を送るためにあるのですから、その理想は現世利益以外の何者でもありません。こうした世の中にありながら、そうしたことと仏教は全く関係ないというなら、それはただの哲学的な遊びであるというほかないでしょう。よしんば、その意義を問うても特殊な求道者のみのもので、一般の人にはきわめて意義の少ないものと言わざるを得ません。大乗仏教は社会など関係ないという教えではないですから、こうした考えは少なくとも大乗仏教にはないのです。

先程の『横川法語』の源信僧都などは、現代の坊さんに比べてもよほど欲の少ない生活をされていた方に違いありません。その源信さんが人間は妄念の凡夫以外の何者でもないと言われているのです。現世利益など仏教に関係ないと嗤う方も、ものにあふれた現代社会に生きている以上、源信さんから見れば多分に妄念の凡夫として生きているのだと言うべきでしょう。ですから荼吉尼天信仰はじめ現世利益の信仰をする方は、まずその「妄念の凡夫」であることを自覚することが大事だと私は思うのです。何を望むにせよ、妄念の凡夫が妄念の娑婆《しゃば》を生きているにほかなりません。ただし常に「妄念をいとわず、信心の浅きをなげきて、志深くして……」でなければ仏教にはなり得ません。

四無量心

『横川法語』で源信さんが求められたのは「念仏」でしたが、荼吉尼天の信者が求めるべきは何でしょう。

私が思うにそれは「慈《じ》」「悲《ひ》」「喜《き》」「捨《しゃ》」の四つだと思います。これらは「四無量心《しむりょうしん》」とよばれるものです。

一切衆生を慈しむ心（慈心）
一切衆生の苦を悲しむ心（悲心）
一切衆生の幸福を喜ぶ心（喜心）
一切衆生において平等にして分け隔てのない心（捨心）

これらは言ってみれば普遍的な慈愛の心に根差すものです。何も悟り澄ましたことなどいらない。財・色・食・名・睡の五欲にまみれた妄念の凡夫でも良いから、慈愛深き人でいてもらいたいと思うのです。仏教というと悟りが第一目的だというのが普通の見解です。でも本当はそうではない。悟りを開くのも多くの衆生を救うためなのだというのが大乗仏教の考え方です。ですから究極的に言うなら一番大事なのは衆生救済ということ。

真言宗で読まれる密教経典の『理趣経《りしゅきょう》』には「百字の偈《ひゃくじのげ》」というものがあります。普通は密教経典は読経する習慣のあるものではないのですが『理趣経』には読経の功徳が説かれているので、真言宗では非常によく読まれます。その「百字の偈」の初めのくだりは「菩薩・勝慧者はないし生死を尽くすまで恒《つね》に衆生を利益し、涅槃《ねはん》に趣かず」というものです。

「涅槃」とは生まれ変わり死に変わりの輪廻の世界を出ることを言います。現代人にはぴんと来ないかも知れませんが、古代インドでは生まれ変わり死に変わりして、果てもなく生まれ変わることは大変な恐怖と苦痛だと考えられていました。バラモン教で祭儀により神々の世界に転生すれば永遠の生命と安楽があると考えたのですが、仏教ではそこもまたいずれは輪廻を免れない世界と考えたのです。つまり神々にも死があるのです。死が近くなると『大般涅槃経《だいはつねはんぎょう》』では、神々は「天人五衰」といって着ている服が垢で汚れ、脇から汗が出て、体がくさくなり、頭の上にある花が萎《しお》れ、自分のいるべき場所のことを好きでなくなるといいます。そうして亡くなると今度は生まれ変わって人間になるのか動物になるのか、それはカルマによっていかようにもなるのだと考えたのです。ですから原始仏教ではこのカルマを完全に滅ぼして、二度と輪廻しないことが目的でした。

悟りとはつまり、そのための手段で究極の目的ではありません。完全に欲望を滅ぼす一切の煩悩のない境地が悟りであり、そうすればカルマも消滅させることができるのだと考えました。カルマが消滅してしまえばもう輪廻はしません。それが涅槃《ねはん》です。言い換えれば完全消滅することです。地獄・餓鬼・畜生・阿修羅・人間・天道の六道の世界のいずれにももう存在しません。涅槃にはまだ肉体があるうちの「有余涅槃《うよねはん》」と、亡くなって完全に消滅してしまう「無余涅槃《むよねはん》」があります。肉体があるうちには消滅はしないので有余涅槃というのです。

私は以前、ミャンマーの上座部《じょうざぶ》仏教の高僧（セヤドといいます）に来ていただき瞑想の指導をしていただいたことがあります。非常に澄んだこのうえなくきよらかな瞳の方でした。日本のお坊さんであいう澄み切った深く蒼い空のような雰囲気の方を私は知りません。

でも、この方ももう二度と生まれ変わらないのか……どこにも存在しなくなることを理想に思っておられるのかと考えると、何かやり切れない悲しい気がしたものです。こういう人こそいつまでもいていただきたい方、まことに慕わしい方です。私は「この世はそんなに捨てたものじゃない」と思うのですが……。僭越ながら、ごく大雑把に言うならこの考えが大乗仏教の考えです。つまり積極的に生きていこう。輪廻していこうということです。あえて、その輪廻の中で煩悩に振り回されず生きる。それが大乗の言う悟りです。総て衆生が救われるまではこの世の中に居続ける決意です。四無量心はそこから出てくる心です。

天台の考えに「仏様に悪の心はあるのか?」という設問があります。皆さんはどう思いますか?答えは「ある」というものです。でも仏が悪事を働くことはありません。この世に輪廻の旅をして衆生を救うためには煩悩が完全に消滅しては困るのです。故に仏は一抹の煩悩を断じないで、あえて内に悪の性だけを残していると考えるのです。

原始仏教のように総ての欲望をなくすためには荼吉尼天信仰のような信仰は必要ありません。また多くの方にはそのような信仰の道は歩めないでしょう。世間的にも幸福でありたいと欲望を持ちながら仏道を歩むこと。同時に限りない慈悲を大事にすること。それは決して悪いことではないと思います。そこが現世利益の信仰、荼吉尼天の信仰には大事なのです。

鬼子母神

吉祥天

毘沙門天

「もっとも良い未来」の先取り

密教の天部には色々な神様がいます。いずれも現世利益の対象として信仰を集めています。大黒天・弁才天・毘沙門天・吉祥天・鬼子母神・龍王・帝釈天・歓喜天（聖天）などなどです。信仰するならどの神様でも好きな神様でいいと思います。

でも「荼吉尼天様ならではの利益は？」と言われたら、あえて言うなら「未来の先取り」でしょうか。荼吉尼天は前にも話したとおり、人の死を六か月前に見通すという力があると言われています。故に六壬占いなどと深い関係を持って信仰されてきた歴史もあるのですが、我々の運命は全部決まっているものではないのです。それもすでに申し上げました。しかし異熟によってその人の人生が作られていくのなら、近い未来ほどある程度決まっている部分も多いというのも考えられることです。

そこで再び出てくるのが「引き寄せの法則」の話です。ただし、荼吉尼天への祈りはイメージから言えば「引き寄せる」のではありません。自分のほうが望む未来に行くのです。未来はいくつかの選択肢があります。その中の一番良い未来に行くのだと考えるのです。「引き寄せの法則」は素晴らしいアイデアですが失敗しやすい欠点があります。引き寄せるのは望むものであり、自分はというと今の状態に居続けるという考えです。これは難しいのです。何かが変わればそれにつれてすべてが動いていくのが本当なのです。例えば、望む大学に行きたいからその結果を得たいとしましょう。その場合は合格を引き寄せるのではありません。「もうすでにその大学のキャンパスにいる」という未来にワープするのです。

自分がそのままという観念では変化を抑止してしまいます。「引き寄せの法則」では「もうその望みがかなったのだ」と観念するのですが、そこを荼吉尼天への祈りでは「もう自分が望む未来を撰択するのだ」と考えましょう。そうすれば荼吉尼天によって一番いい未来に導かれます。それに向けてアクションしていくようになれば正しく働いているのです。寝転んで望むだけで何ひとつ叶うわけなどありません。

厳密に言えば、引き寄せの法則それ自体が決して悪いということではないのです。「引き寄せ」という言葉から間違った捉え方をすると役にたたないということが言いたいのです。必ず結果にはそこに到るアクションが出てくるものです。当たり前のことだと思うのですが「引き寄せ云々」という人の中には、時々そこをまるきり視野に入れていない人がいて驚きます。強く未来を思い描いて望みさえすればそれだけでなる。そういう考えは間違っています。

例えば望む大学に行くには勉強しないといけませんね。あたり前のことですが、思い描くだけで知識や学習が身に着くわけではないのです。いくら思い描いてもアクションがなければ何も実現しません。運というのはアクションをつなぐターミナルでしかありません。乗り物を走らせずにどうして目的地に行けるでしょうか？

大事なのは「荼吉尼天様、どうぞ一番良い未来にお連れください。そこへお導きください」と祈ることです。普通のお参りでは具体的にどうしたいなどと手を合わせてこまごま言うよりその方がいいのです。その場合はどうなっているかは別にして「もっとも良くなる」というその感覚だけ感じます。「引き寄せ」では望むイメージをはっきりヴィジョンとして描くことが必要ですが、あとは荼吉尼天様にお任せするのでそういうことは全くしなくてもいいのです。鷹揚《おうよう》に構えて引き寄せるのでなく、まず未来に行こうということが大事です。荼吉尼天はカーナビのようなものです。そして行動するのはあなた自身です。うまくアクセスしたら自然と行動に結びつくはずです。

でもここが大事なのですが、あなたの人生の選択肢に○○大学に行くという可能性がなければいかれないこともあります。だから結果的に言うなら決して望めば何でも叶うというわけではありません。「○○大学に行きたい」と思っても、そういう未来の可能性がなければ行くことはできません。それでも一番良い選択を望み、祈ることはできます。むしろ自分が望んでいたことより良い結果を得られるでしょう。それが六か月先を見通すという荼吉尼天への効果的な祈りだと私は思います。実際に荼吉尼天のご祈願は叶うときは早いものです。

断っておきますが荼吉尼天はあなたの潜在意識ではなく、誓願にもとづいて動く集合無意識体ですから、誓願にないことは叶いません。荼吉尼天の誓願はすでに十九種あることをお話ししましたが、それは「別願」というもので尊によって異なるものです。「総願」としてすべての仏尊が持つ願いは、

衆生無辺誓願度《しゅじょうむへんせいがんど》（衆生は無辺なれど誓って済度せん）
福智無辺誓願集《ふくちむへんせいがんしゅう》（福智は無辺なれど誓って集めん）
法門《ほうもん》無辺《むへん》誓願学《せいがんがく》（法門は無辺なれど誓って学ばん）
如来《にょらい》無辺《むへん》誓願《せいがん》仕《し》（如来は無辺なれど誓って仕えん）
無上菩提誓願証《むじょうぼだいせいがんしょう》（無上なる菩提を誓って証せん）

の五つです。茶吉尼天は仏尊であり、仏道に外れた利益はないと知らねばなりません。

なお、茶吉尼天を信仰されるなら、その本地として観音様か文殊様を信仰することも併せてお勧めします。そうすることであなたの茶吉尼天信仰はより仏教としての信仰の深みを増すに違いありません。

第五章 質疑応答編

最後に実際に茶吉尼天を信仰するうえでよくある質問を取り挙げてみました。

Q

茶吉尼天様の拝み方はどうしたらいいですか？

A

『般若心経』や『観音経』を唱えます。真言は種々ありますが、「オン　キリカク　ソワカ」というのが最も伝統的です。何も知らないのなら手を合わせて茶吉尼天様と心で念じてもいいですが、このご真言は短いので是非憶えたらいいと思います。

Q

柏手《かしわで》は打ちますか？

A

茶吉尼天を祀るのはお宮ではなくお寺です。ふつう仏寺では柏手は打ちません。ただ習慣で打っても悪いとまでは言えないでしょう。

Q

茶吉尼天様を祀っているところが探しても近くには全くないのですが、どうやって信仰をはじめたらいいのですか？

A

茶吉尼天として探してもまず分からないでしょう。

しかしながら、大きなお寺やご本山に行くと多くの場合、「〇〇稲荷」といって大概はお稲荷様が祀られているものです。それは〇〇茶吉尼天とはいいませんが、淵源的には茶吉尼天であることが多いのです。ただし、お札など置いてあるところもまれにありますが、多くは何もありません。お札を受けてきてお祀りするのもいいですが、それよりもまずはそういうところに足でお参りしましょう。茶吉尼天信仰は家に呼び込むより、足を運んでこちらが行く信仰です。お札を祀らず、ずっと足を運び、お参りするのみでも構いません。戸外が多いので長々と拝むより、短くても回数多くお参りしましょう。神社の参拝のように強く短く祈る方がいいのです。尚その場合は先にご本堂《ほんどう》やご本社にお参りすることがマナーです。

Q

もし、荼吉尼天のお札などが受けられたら家庭でのお祀りの仕方はどうしたらいいですか?

A

お札ならむきだしでなく、なるべくならお宮に入れてお祀りしましょう。市販の神具店で売っているものでいいですが、お札を持参して寸法的に収まるか否かは確かめてください。荼吉尼天は神道のお稲荷様と違いますので、仏式に線香立てを用意するほうがいいでしょう。お灯明やほかの荘厳は神式のお稲荷様と概ね同じです。荼吉尼天には左右に普通、榊《さかき》を立てませんが、かわりに色花や樒《しきみ》を飾ります。しかし、榊ではいけないとまでは言えません。お供物は仏教の教えにより肉や魚の類は上げません。
ただし、お札を受けてきても基本的にその霊場に足繁く行くことをやめてはいけません。まず行くことが信仰です。

Q

お祀りする場所はどこがいいでしょうか？

A

清浄なところであればいいと思います。方位神でもあるのでそんなにこだわらなくても大丈夫ですが、乾《いぬい》（西北）において巽《たつみ》（東南）に向けるのといいでしょう。それ以外の方位でもいいです。ただし、お寺でいただいたものであってもお札を仏壇に入れるのはいけません。仏壇はご先祖の供養の場です。祈願とは分けて考えましょう。

Q

お参りの際にお唱え事は何がいいでしょうか。

A

『般若心経』や『法華経』などのほか、「荼吉尼天祭文」や『稲荷心経』でもいいと思います。『消災妙吉祥陀羅尼』などを挙げるところもあるようです。荼吉尼天真言は和製のものが多いのですが、『大日経』から出た「オン　キリカクソワカ」というものがあります。

『消災妙吉祥陀羅尼』は

ナマクサマンダ　ボダナン　アハラチエイ　カタシャ
シャナナン　タニヤタ　オン　ギャーキー
ギャーキー　ウン　ウン　ジンバラ　ジンバラ

ハラジンバラ　チシュサ　チシュサ　シュチリ　シュチリ　ソハッタ　ソハッタ　センチギャシリエイソワカ（これは天台読み）

といいます。これは災い除けの陀羅尼です。茶吉尼天だけでなく何尊にあげても構いません。

Q

茶吉尼天様を信仰したいのですが、すでに神道系のお稲荷様をお祀りしています。そこへまた違うお稲荷様をお祀りするのはいけませんか？

A

いけなくはないでしょう。でも従来からいるお稲荷様のお祀りはそのままにして動かさず失礼のないようにすべきです。

Q

有名な○○稲荷は荼吉尼天様であると聞きました。荼吉尼天様としてお祀りするのとお稲荷様としてお祀りするのでは違いはありますか？

A

お稲荷様としてお祀りする場合、赤い鳥居をたてたり、左右に狐のお像を置く習慣があります。ご家庭でも御宝前に赤い鳥居を置いたり、陶器の小さなお狐さんを左右に置きます。荼吉尼天様そのものとしては密教的な作法によりますが、一般家庭には福の神であるお稲荷様としてお祀りする方が祀りやすいでしょう。

Q

荼吉尼天様のお仏像をお祀りするのはどうしたら良いのでしょうか？

A

天部のお仏像を家庭で祀ることはあまりお勧めしません。何度も言いますがこの信仰はこちらからお寺にいってお参りすることが主眼です。でもお祀りするならまず開眼してもらいましょう。開眼していただくのは荼吉尼天信仰のあるお寺を訪ねて、していただけるかお聞きするのがいいでしょう。観音様やお釈迦様のようにあまりポピュラーではないので、どこでもしてくれると考えない方がいいでしょう。

順序としては霊場で開眼のご相談をしておいてからお像を入手すべきです。逆になるのは感心しません（豊川稲荷様のように信者さんのために御分身を置いている霊場もあります。もし勧請する場合はよくご相談してください）。

私がお勧めしたいのは初めからお像など祀らず、まず霊場や天堂にお参りに行くこと。次にお札を祀ることをお勧めします。お像を祀ってもご利益が倍増するものではありません。もし御尊像をお迎えするのなら、祈願成就のためではなく、長い信仰の末に親しみや報恩の気持ちでお迎えするほうが良いと思います。

Q

お不動様のお札を頂きました。荼吉尼天様より偉い方なので、荼吉尼天様をどけて真ん中に祀るべきだという人がいますが、そうでしょうか。

A

必要ありません。尊格から言えばお不動様は明王であり、荼吉尼天様は天部ですから明王が上ということでしょうが、密教ではどなたを中心にしても曼荼羅ができるように、荼吉尼天を中心に不動様を脇仏で信仰しても一向に構いません。

Q

神道系のお稲荷様にお経をあげてはいけませんか？

A

神道は現代では仏教とは一線を画していますから、お宮としては仏教的なことを嫌うところもありますので、その意味ではどこでもあげたらいいとは申せません。

しかしながら仏教の立場で言うなら自宅の神棚にお経をあげても一向に構わないと思います。神様にも法楽としてお経をあげることは珍しくありません。

Q

外宮でお祀りするといいと聞きますが、どうでしょう。

A

外宮でお祀りすることは丁寧ですが、それだけにしっかりお給仕しなくてはいけません。粗末になるなら、しない方がましです。
また、子孫までもが信仰しない場合は途中から粗末や祀り捨てになる怖れがあります。自分が亡きあとはどうすべきか、きちんと申し送りする必要があります。

Q

お稲荷様を外宮に地祀りしていましたが、故あってお宮を移すのですが、どうすべきですか？

A

地祀りした場所はお稲荷様の土地ですので、僧侶、神官などを呼び、いままでの報恩を十分に表して移転の旨をお許し頂くべきです。

Q

荼吉尼天様の好きなお供物は何でしょう。

A

お稲荷様として祀る場合は、神道のお稲荷様に順じて油揚、赤飯、お酒などを上げますが、荼吉尼天としては、特に柑橘《かんきつ》類を好まれるといいます。受験などの勝負には栗がいいと言います。普段の供物は動物性のもの以外なら何を上げてもいいでしょう。

Q

茶吉尼天の生活陀羅尼《しょうがつだらに》というものがものの本にのっていましたが、どういうものでしょう。唱えていいですか?

A

生活陀羅尼はいわば地上にいる無縁霊を供養する真言です。もともとは密教の秘事であり、色々な功徳を彼らに横取りされないために唱えておくものですが、これは難しい霊の扱いに関するものであり、主に密教の茶吉尼天供の中で唱えるものです。従って茶吉尼天供を知らない場合は僧侶であっても、やたらと唱えません。在家の人は遠慮すべきでしょう。

Q

大黒天を併せて勧請するといいと聞きましたが、どうでしょう。

A

大黒天様は荼吉尼天様を仏教に導いた方で、関係の深い天尊です。併せてお祀りするのも、お働きを助けて頂くうえでいいと思います。

Q

お犬様を眷属とする神社様を信仰しています。荼吉尼天様を併せて信仰しては犬に狐で良くないと言いますが、どうですか？

A

いずれも実際の動物そのものがご眷属ではないので、関係ないです。神々のお使いがケンカなどはしないものです。

Q

茶吉尼天様を拝むと、一代は家が栄えても次の代に継承できないで滅ぶと言われましたが、そんなことがあるのでしょうか。

A

おそらくそれは『平家物語』の平清盛のくだりなどからそういうことを言うのでしょうね。これは聖天様の信仰でもそういう人がいます。でもそれは分限を超えて欲にかられ、不要に無理な願掛けをするなどの信仰の仕方の問題です。本尊の問題ではありません。何を信仰してもそのような信仰には魔が感応するのみです。

Q

交際していた男性にとても酷い裏切られ方をしました。茶吉尼天様は強いお力があると聞きますが、茶吉尼天様に頼んで懲《こ》らしめてもらう方法はありますか。

A

懲らしめるという目的でなく、まず赤裸々な自分の辛い気持ちを聞いていただくという意味でのお参りはしてもいいでしょう。仏教ではまず不幸な目にあった場合はまず自分の在り方を振り返るということを優先します。金銭的に騙されたなどのトラブルがあれば法的な解決などを祈るのはいいでしょうが、感情的な問題の処理は天尊にお任せすべきです。恨みよりあなた自身にとって一番いい未来を選ぶべきです。

Q

体の不調が続いていて、病院に行ってもすっきりしません。霊能のあるという人に見てもらったら狐が憑いていると言われました。そういうことはあるのでしょうか?

A

憑依という現象はありますが、霊が憑いているとか狐が憑いているということ自体が根本原因であることはまれです。霊が憑くには理由があるはずです。身に覚えがなければやたら怖がることもありません。憑依という現象には必ず自分のほうにそれを許す原因があります。ただ、一方的に憑かれるということはありません。それが可能なら日本中が憑霊だらけになるはずです。万一心配なら憑きものであるか否かはひとまず措いて、お不動様のような明王のお寺でお護摩に参加し健康をお祈りしていただいてもいいでしょう。

Q

私はあるお寺のお稲荷様（荼吉尼天様）をお祀りしているのですが、母が最近になってある新宗教に入って、そんな信仰はやめて家中が同じ信仰に入信しないと罰が当たるとか、不幸になると言います。そういうことはあるのでしょうか。

A

信仰は心のものです。たとえ形の上でそういう宗教に入信してもご自分の心で拒否するなら同じことではないでしょうか。家中が同じ信仰をしないと不幸になるというのは理屈に合いません。神や仏は信仰しない人を憎むようなものではあり得ません。そのような物騒な宗教なら、むしろ全員がきっぱりやめた方がましではないでしょうか。

Q

壊れたお稲荷様のご眷属（狐）の置物があります。捨てられずに紙粘土で修理して祭壇においたのですが、そのような壊れたものを御宝前に置くのは失礼ですか？　廃棄して新しく求めたほうがいいのでしょうか。

A

お皿や神具などはそうですが、ご眷属は信仰上においては「もの」であっても、「もの」とは言い切れません。そうやって修理すれば失礼どころかきっとお喜びになると思います。

【付録】茶吉尼天を祀る寺社

最後に仏教系の稲荷さんや、茶吉尼天を祀る全国の主要な寺社を挙げておきます。ただし、必ずしも茶吉尼天とは呼ばず、特に御祈祷などしていないところのほうが多く、祈願札なども用意がないのが普通です。実際の信仰にあたっては宗派により拝み方も異なります。当該の寺院に失礼にならぬようにお訪ねしてよく指導を受けてください。

寺社名	所在地	宗派	茶吉尼天・稲荷信仰
玉宝禅寺	北海道札幌市	曹洞宗	豊川稲荷分霊
国吉稲荷神社	青森県弘前市	村社	茶吉尼天
蓮華寺	青森県青森市	日蓮宗	最上稲荷
白狐山光星寺	山形県東田川郡	曹洞宗	茶吉尼天
豊川稲荷神社	宮城県仙台市	曹洞宗	豊川稲荷分霊
中尊寺	岩手県西磐井郡	天台宗	赤堂稲荷大明神
東泉寺	新潟県新発田市	曹洞宗	大友稲荷
太山寺	栃木県栃木市	真言宗	野洲豊川稲荷
輪王寺	栃木県日光市	天台宗	光明院稲荷
藜稲荷神社	群馬県前橋市	神社	茶吉尼天

成田山新勝寺	千葉県成田市	真言宗	出世稲荷
誕生寺	千葉県鴨川市	日蓮宗	太田稲荷
高尾山薬王院	東京都八王子市	真言宗	福徳稲荷
成田山深川不動堂	東京都江東区	真言宗	荼吉尼天
浅草寺・鎮護堂	東京都台東区	聖観音宗	鎮護大使者
大円寺	東京都台東区	日蓮宗	笠森稲荷
功徳林寺	東京都台東区	浄土宗	笠森稲荷
豊川稲荷東京別院	東京都港区	曹洞宗	豊川稲荷分霊
美喜井稲荷神社	東京都港区	仏教系単立	猫稲荷
池上本門寺	東京都大田区	日蓮宗	長栄大威徳天
真成院	東京都新宿区	真言宗	雨寶稲荷
真浄寺	茨城県牛久市	真言宗	縁切稲荷
總持寺	神奈川県横浜市	曹洞宗	穴熊稲荷
長谷寺	神奈川県鎌倉市	浄土宗	かきがら稲荷
龍口寺	神奈川県藤沢市	日蓮宗	経八稲荷
大泉寺	山梨県甲府市	曹洞宗	夢山稲荷尊天
天林寺	静岡県浜松市	曹洞宗	萱垣稲荷
妙厳寺	愛知県豊川市	曹洞宗	豊川吒枳尼眞天
満福寺	愛知県みよし市	浄土宗西山深草派	三好稲荷
万松寺	愛知県名古屋市	曹洞宗	白雪吒枳尼天

来教寺	石川県金沢市	天台真盛宗	金毘羅さん
龍国寺	石川県金沢市	曹洞宗	高徳稲荷
谷汲山華厳寺	岐阜県揖斐郡	天台宗	豊川稲荷
比叡山	滋賀県大津市	天台宗	星ヶ峯稲荷
神照寺	滋賀県長浜市	真言宗	神照稲荷
真如堂塔頭・法伝寺	京都市左京区	天台宗	荼吉尼天
鞍馬山	京都市左京区	鞍馬弘教	吉鞍稲荷
雨宝院	京都市上京区	真言宗	宝稲荷大明神
相国寺	京都市上京区	臨済宗	宗旦稲荷
清浄華院	京都市上京区	浄土宗	浄華稲荷
知恩院・濡髪祠	京都市東山区	浄土宗	濡髪大明神
建仁寺・興雲庵	京都市東山区	臨済宗	豊川稲荷分霊
金閣寺	京都府京都市	臨済宗	不動堂に合祀
豊川稲荷大阪別院・観音寺	大阪市天王寺区	曹洞宗	豊川稲荷分霊
犬鳴山七宝瀧寺	大阪府泉佐野市	真言宗	出世稲荷大明神
四天王寺本坊	大阪府大阪市	和宗	荒陵稲荷大明神
金峯山寺蔵王堂	奈良県吉野郡	金峯山修験本宗	導きの稲荷
安倍文殊院	奈良県桜井市	華厳宗	信太森葛の葉稲荷
三宝稲荷荼枳尼天	奈良県桜井市谷	神社	荼吉尼天
朝護孫子寺	奈良県平群町	真言宗	かやの木稲荷

金峯山寺	奈良県吉野町	金峯山修験本宗	導稲荷
神谷山禅瀧寺	兵庫県加東市	真言宗	神谷稲荷明神社別当
須磨寺	兵庫県神戸市	真言宗	出世稲荷
由加山蓮台寺	岡山県倉敷市	真言宗	荼吉尼天
五流尊瀧院	岡山県倉敷市	修験道	五流稲荷
木山寺	岡山県真庭市	真言宗	善覚稲荷
妙教寺	岡山県岡山市	日蓮宗	最上稲荷
圓隆寺	広島県広島市	日蓮宗	とうかさん
稲荷山龍光寺	愛媛県宇和島市	真言宗	三間の稲荷
龍光寺	愛媛県宇和島市	真言宗	三間の稲荷
常楽寺	愛媛県松山市	天台寺門宗	六角堂稲荷大明神
宝寿寺	愛媛県西条市	真言宗	一之宮稲荷
屋島寺	香川県高松市	真言宗	屋島稲荷
豊川稲荷・東慶院	福岡県春日市	曹洞宗	豊川稲荷分霊
東慶院	福岡県春日市	曹洞宗	豊川稲荷九州別院
本岳寺	福岡県福岡市	日蓮宗	九州別院最上稲荷
両子寺	大分県国東市	天台宗	両子稲荷大明神
西来寺	沖縄県那覇市	臨済宗	稲荷大明神

付録　荼吉尼天を祀る寺社

あとがき

本文でも述べておりますが、「荼吉尼天」というのは仏教由来のお稲荷様のことです。本書も「お寺のお稲荷様の本」とでもすれば、もっと馴染みやすかったのかもしれません。

しかし、私にはお稲荷様でなくどうしても荼吉尼天そのものでなくてはならなかったという思いがあります。

一つにはお稲荷様は、神道ではその多くがウカノミタマノミコトやトヨウケヒメノミコト、ウケモチノオオカミといった農耕神とされていて、歴史的には荼吉尼天とは極めて関係が深いものの現代では全く別な存在として認識されているからです。そして何よりも私が書きたかったのは、お稲荷様ではなく荼吉尼天様そのもののことでした。その理由の一つは荼吉尼天は、極めて霊験の早く鋭い素晴らしい護法神でありながら、あまり評判の良いことばかりは聞かないからです。悪魔のように言う人さえいます。

歴とした護法神なのに、どうしてなのだろう。

それは一つには『大日経疏』に見られるような恐ろしい鬼神としての前生譚。そして荼吉尼天に付随する「狐信仰」のせいだと思います。お稲荷様では狐はあくまでお使いですが、一方で荼吉尼天とは、古来、「野干」つまり狐の精そのものとされてきたのです。狐は私たちの先祖には身近な動物でしたが、その独特の賢さと用心深さから不思議な生き物とされてきました。しかしそれは民間伝承などで同時に人を化かしたり、悪さをする妖怪のようなイメージにもみなされてきたのでしょう。

拙寺は祈願専門の寺でありますので、今でもごくまれにですが、「狐に取り憑かれたので祈ってほしい」という相談もあります。そんな時、私は「どうしてそう思うのか？」とお尋ねしていますが、明確な答えはほとんど何もありません。ただ医者に行っても診断がつかない。だから霊的なものではないのか？

しかし、他人様から怨念を受けているとまでは思わない。だとすると狐の仕業だという考えに至るようです。実は狐に限らず動物が人に憑くという考えは日本だけではなく、世界各地にあります。アフリカなどではワニが憑くという民間信仰もあるそうです。

ワニは憑くとどうなるのか？

ワニがいかなる理由で人に憑くのか詳しくは知りませんが、私たちの脳の中には動物としての原始的な脳もありますし、そこが何らかで刺激されると行動や思考も動物化するのかもしれません。でも実際のワニや狐は我々に比べればはるかに弱く、彼らは鋭い牙や爪があるにせよ、人間のために多くの住処を失い、苦しい生活をしいられている被害者にすぎません。彼らがもし恨みから憑依するなら、森や川の開発業者にこそ憑依するはずです。

そんな故のないことで、今でも狐だの蛇だのと言って、生き物をいわゆる「動物霊」として悪者扱いしているのが私には気に入りません。人によっては狐の精である「荼吉尼天」を拝むなど野蛮《やばん》で無知なことと思うでしょうが、私が荼吉尼天の信仰を取り挙げた理由は多くの自然の中に潜む仏の智恵を学ぶべきだと考えるからです。

「自然智」という言葉があります。この自然というのは言葉としてはそのまま森や山のことではなく「我々に本来宿る仏の智恵」という意味ですが、修験道ではこれを求めて山に入ります。修験のメッカ吉野山を中心に「自然智宗」という宗派さえありました。今は日蓮宗のお寺ですが仏教系の稲荷神である「最上稲荷」は自然智宗の修験者、報恩大師に始まると聞いております。

修験道では山そのものを全く大日如来そのものと唱え、修験者は山中の自然から多くを学び取るのです。そうであるなら、山に住む狐や様々な生き物もそのまま曼荼羅の聖衆ということになりましょう。

荼吉尼天の信仰の中にも生き生きとした自然智が生きていると思います。それにこそアクセスしてほしいのです。

私たちが単なるご利益信仰としてだけでなく、そうした目で荼吉尼天とふれ合うことが、また

そうした内なる自然智への第一歩となるのではないだろうか。

そう祈って本書をお送りいたしました。

令和二年七月吉日

羽田守快　合掌

――追伸――

尚、憑霊および呪詛などの問題については、まず精神医療機関で症状を相談されることをお勧めします。当院ではそれらの問題は扱っておりません。

羽田守快（はねだ・しゅかい）

1957年（昭和32年）、東京都に生まれる。駒澤大学文学部心理学コース卒。学生時代より修験道、密教の門をたたき今日に至る。現在、総本山園城寺学問所員、天台寺門宗「金翅鳥院」住職。密教祈祷、密教占星術、心理セラピーなどを融合して信徒の育成に当たっている。著書に『般若心経を知りたい』『密教占星術大全』（以上・学研）、『近世修験道文書』（共著・柏書房）、『修験道修行入門』『修験道秘経入門』（以上・原書房）、『秘密瑜伽占星法』『天部信仰読本』（以上・青山社）、『あなたを幸せにみちびく観音さま』『読むだけで不動明王から力をもらえる本』『あなたの願いを叶える 最強の守護神 聖天さま』『あなたを必ず守ってくれる 地球のほとけ お地蔵さま』『あなたの人生を変える 龍神さまの《ご利益》がわかる本』（以上・大法輪閣）など多数。

著者ブログ https://blogs.yahoo.co.jp/hukurousennninn

未来を開く不思議な天尊 **荼吉尼天《だきにてん》の秘密**

2020年 9月 10日 初版第1刷発行
2022年 3月 10日 初版第2刷発行

著　者	羽田守快
発行人	石原大道
印　刷	亜細亜印刷株式会社
製　本	東京美術紙工
発行所	有限会社 大法輪閣 〒150-0022 東京都渋谷区恵比寿南2-16-6-202 TEL（03）5724-3375（代表） 振替 00160-9-487196番 http://www.daihorin-kaku.com

ISBN978-4-8046-1429-8 C0015